José María Lloreda

Nacer antes de TIEMPO

GUÍA PARA MADRES Y PADRES DE NIÑOS PREMATUROS

Salud • Editorial Arcopress
Directora editorial: Isabel Blasco
Diseño y maquetación: Teresa Sánchez-Ocaña
Corrección: Maika Cano
Fotografías de cubierta: Verónica Teban

Imprime: Gráficas La Paz
ISBN:978-84-17828-12-7
Depósito Legal: CO-1106-2019
Hecho e impreso en España - *Made and printed in Spain*

A todos los niños
y niñas prematuros

ÍNDICE

La información basada en esta guía no sustituye el criterio de los profesionales que atienden a los niños prematuros. Deberéis consultar con ellos cualquier aspecto contenido en esta guía.

INTRODUCCIÓN

El nacimiento de un bebé prematuro es un acontecimiento casi siempre inesperado que genera en vosotros, los padres y madres, sensaciones muy diferentes, intensas y, en ocasiones, contradictorias.

Si tenéis este libro ahora mismo, es porque esta situación os ha pasado o bien a alguien muy cercano a vosotros. El nacimiento de un bebé prematuro es como una carrera de fondo en la que la salida es muy importante, pero en la que la resistencia y el avance, a veces con dificultades, son fundamentales.

Inicialmente, es muy probable que tengáis mucho miedo por todo lo que está sucediendo, mezclado con una gran sorpresa, ya que se suponía que el bebé aún no debía nacer. Puede que nunca lo hubieseis imaginado. Este miedo, esta fractura en el curso esperado de los acontecimientos, por el bebé y por la mamá, se asocia a incertidumbre por lo que va a pasar y por no saber qué esperar en las próximas horas o días. Muchos papás y mamás, además, tenéis un sentimiento de culpa, de no haber hecho algo bien, y de no ser capaces de asumir los retos que el parto de vuestro bebé prematuro os acaba de plantear.

Cada vez que se habla con los padres de un bebé prematuro se ven las mismas caras, se escuchan las mismas preguntas, las mismas dudas, la misma zozobra. Algunos tenéis sensación de irrealidad, de que esto no os puede pasar a vosotros, que tenéis vida sana y controles de salud normales. Una de las mejores formas de tranquilizaos es conociendo qué va a pasar y cómo cuidarán del bebé en la unidad de neonatos. Y cómo la unidad os cuidará también a vosotros para que al final seáis los principales responsables de vuestro bebé prematuro. Sois las personas más importantes para él.

Aunque la tasa de prematuros en España está en torno al 8-10% de los partos, y cada vez hay más, casi ningunos padres están preparados para el nacimiento de un bebé prematuro. Los recién nacidos menores de 1.500 gramos son el 1-2% de los partos en España, pero suponen el grupo que más ayuda necesita en el hospital, y los que siempre salen en los medios de comunicación como los más llamativos. Pero la realidad es que la mayoría de prematuros son mayores de ese peso, y aunque sus complicaciones son menores, la mejoría de estos prematuros supone un gran avance para la salud de toda la población.

Os asaltan las dudas, especialmente en lo referido a si el bebé vivirá o no, o si tendrá algún tipo de secuelas. El entorno hospitalario, invadido por la tecnología, puede resultar amenazador. La información que vuestro ginecólogo os da puede no coincidir con la que recibáis de la unidad de neonatos. Intentaréis recordar lo que le pasó hace años a un conocido, bueno o malo; puede que algunos familiares y amigos os feliciten; y puede que notéis que otros no saben cómo reaccionar. Muchos padres y madres, tenéis información muy pesimista sobre el desarrollo de los prematuros. Os informan solo de la mortalidad y de las secuelas, y pocas veces de la supervivencia y de la supervivencia sin secuelas.

Frecuentemente no se puede saber qué va a pasar, y hay que esperar minuto a minuto a conocer cuál es la evolución del bebé. La medicina neonatal evoluciona tanto que los datos de seguimiento de los prematuros de hace cinco años no tienen por qué ser los mismos que se consigan con los que nacen a día de hoy.

En algunos casos, si hay riesgo de parto prematuro, bolsa rota o las ecografías demuestran que el bebé no crece bien, puede que estéis preparados para el parto prematuro, o al menos concienciados de que puede suceder, viviendo con angustia cada día hasta el día del parto.

Pero esta es solo una cara de lo que está sucediendo: desde que el bebé nace, incluso antes, encontraréis a muchos profesionales dispuestos a ayudaros, a vosotros y al bebé. Están altamente cualificados para dar a vuestro hijo todas las posibilidades para que llegue a ser un niño o niña feliz en el futuro.

Es aconsejable conocer, de forma resumida, lo que os encontraréis en la unidad de neonatos, para que la estancia de vuestro bebé prematuro sea la mejor posible, que sepáis bien las cosas que se están haciendo y por qué se están haciendo. Todas estas informaciones pueden variar de un lugar a otro, de un hospital a otro, y con el transcurso del avance científico, pero os servirán para saber qué esperar y cómo prepararse para la estancia en la unidad neonatal y el momento del alta, en el que las habilidades que adquiráis durante el ingreso de vuestro hijo o hija os serán más útiles que nunca. Si entendéis lo que está pasando, los nombres de las cosas, las rutinas y los términos médicos, es más fácil que el miedo a lo desconocido sea más manejable. La medicina es el manejo de la incertidumbre, pronto lo descubriréis.

Espero poder informaros de una forma sencilla de las circunstancias que rodearán a vuestros bebés prematuros en los próximos días, meses y años. Los hechos no están dulcificados, porque una cosa es lo que nos gustaría que pasara y otra es la realidad, que puede ser muy dura. También se expresan algunos porcentajes de supervivencia o de problemas, a título orientativo, ya que cada caso es diferente[1].

Es la información que a mí me gusta dar y que a mí me gustaría recibir para llegar con fuerza y ánimo a la meta.

---

1. Vamos a hablar de madres y padres, pero también nos referimos a madres o padres que viven el nacimiento de su bebé prematuro de forma individual o con parejas del mismo sexo. Los prematuros son niños o niñas, independientemente del sexo, salvo que se especifique por algún motivo diferenciador. Las cifras de menores de 1.500 gramos están extraídas del último informe de octubre de 2018 de la Sociedad Española de Neonatología.

BIENVENIDOS A HOLANDA

Tener un bebé es como si planificaras un fabuloso viaje de vacaciones a Italia. Compras un gran número de guías turísticas y hace planes maravillosos. El Coliseo. El David de Miguel Ángel. Las góndolas en Venecia. Aprendes frases útiles en italiano. Todo es muy emocionante. Después de meses de gran expectación, finalmente llega el día. Preparas tus maletas y ¡allá vas! Varias horas después el avión aterriza. La azafata se acerca y dice: «Bienvenidos a Holanda».

—¿Holanda? —dices—¿Cómo que Holanda? Yo pagué para ir a Italia. Se supone que debo estar en Italia. Toda mi vida he soñado con ir a Italia.
—Pero ha habido un cambio en el plan de vuelo. Hemos aterrizado en Holanda y aquí debéis quedaros. Lo importante es que no os han llevado a un lugar horrible, repugnante, sucio, lleno de pestilencia, pobreza y enfermedad. Simplemente es un sitio diferente.
Así que tienes que salir y comprarte nuevas guías turísticas. Tienes que aprender un nuevo idioma. Y conocerás a gente que nunca habrías conocido. Es solo un lugar diferente. Es más tranquilo que Italia, menos impresionante que Italia. Pero, después de pasar un tiempo allí, tomas aire y miras a tu alrededor... y empiezas a notar que en Holanda hay molinos de viento. Que Holanda tiene tulipanes. Y que incluso tiene pinturas del famoso Rembrandt.
Pero todo el mundo que conoces va y viene de Italia, presumiendo de lo maravillosa que es y lo bien que se lo han pasado allí. Y durante el resto de tu vida dirás: «Sí, ahí era donde se suponía que yo iba. Eso es lo que había planeado». Y ese dolor nunca, nunca, nunca se irá, porque la pérdida de ese sueño es una pérdida muy importante. Pero si te pasas la vida lamentando el hecho de que no llegaste a ir a Italia, puede que nunca seas libre para disfrutar de las cosas tan especiales y hermosas de Holanda.

Emily P. Kingsley (1987).

La noticia

El *shock* asociado a la noticia os invade. «¿Cómo va a nacer tan pronto?, ¡es demasiado pequeño!».

No tenéis nada preparado, el plan de parto que habías pensado se hace añicos porque el bebé va a nacer antes de tiempo, incluso casi a la mitad del embarazo. «¿Por qué?», «¿qué hemos hecho mal?», son algunas de las expresiones más frecuentes.

En el hospital, los ginecólogos intentarán frenar el parto, pero en ocasiones no se consigue o directamente no se debe frenar. Los mecanismos del inicio del parto aún son poco conocidos, y las causas de la prematuridad más importantes (rotura prematura de las membranas, infecciones en el líquido amniótico, grandes trabajos físicos de la madre, hipertensión, uso de tabaco, drogas, malformaciones del útero, desprendimiento de placenta, embarazo múltiple, etc.) no explican la mayoría de los casos. Incluso es posible que, si el bebé es muy prematuro, intenten trasladar a la madre a otro hospital que tenga más medios para atender al bebé, puede que en otra ciudad o en otra provincia.

Todo esto se mezcla en los primeros momentos y, además, puede que os pregunten qué queréis hacer respecto al bebé, antes del parto, si vuestro bebé va a nacer a las 23 o 24 semanas. De repente, de llevar un embarazo tranquilo, se pasa a que tenéis que pensar si queréis que el bebé se reanime. «¿Quién está preparado para decidir esto?», «¿no iba todo bien según la última revisión?», «¿por qué todo el mundo está tan serio?». La madre en su habitación, sin saber qué está pasando en los primeros momentos, el bebé en la unidad neonatal de ese u otro hospital, o trasladándose hacia allí, y el padre, sin saber qué hacer ni dónde estar.

Estas situaciones, así como la forma de ser de cada uno de vosotros, hacen que las respuestas sean variadas, pero en todo caso, serán reacciones únicas y personales. Muchos padres no olvidan nunca el día del parto, ni la información médica, ni el momento en el que se llevaron a su bebé.

Al principio la noticia es tan impactante que puede que lo viváis con sensación de irrealidad, de que esto no os está pasando a vosotros. «El embarazo iba bien», «hace unos días nos vieron y no había ningún problema», «esto no puede estar pasando», «las ecografías eran normales»… La negación de los hechos es frecuente y posteriormente, muchos padres y madres os preguntáis qué habéis hecho mal y buscáis en cada una de vuestras acciones la causa que precipitó el parto, si la hubo. En ocasiones se encuentra, aunque no sea real. Esta sensación de culpabilidad, de ser los causantes del parto, puede calar muy profundo en vosotros y llevaros hacia un duelo patológico por el nacimiento del bebé. Hablar de esos temores con vuestro neonatólogo o con otros padres os puede ayudar a conocer otros casos similares. En la gran mayoría de los casos, la madre y el padre no han hecho nada para que el parto se inicie, ni han podido hacer nada por evitarlo.

Es bastante común que justo tras el parto, la mamá no pueda ir a ver al bebé y que el padre tenga miedo de contarle la verdad de la situación. Suelen expresar que no saben qué decirles, especialmente si el bebé está muy grave. Las madres intentan ir a toda costa para comprobar que lo que se les está diciendo es verdad. Normalmente, se aconseja a los padres que no mientan sobre el estado real del prematuro. En ocasiones, hacerle una foto puede servir para que la madre conozca cómo está el bebé hasta que pueda ir a visitarlo.

Algunos pasáis de la incredulidad a estar enfadados con todos, especialmente con vosotros mismos, o con las pruebas hechas previamente, o con los médicos o con otros familiares. Incluso con el bebé. Os sentís responsables de lo que ha sucedido y de lo que puede pasarle, y de haber traído al mundo a un bebé con problemas. El nacimiento de un bebé prematuro ha roto vuestras ideas preconcebidas de cómo iba a ser el parto y la estancia en casa. Puede que incluso nunca hubierais pensado en que os podía pasar a vosotros. Todo lo que habíais aprendido, la ropa que teníais preparada, etc., no sirven ahora y hay que adaptarse a la nueva situación.

Esta adaptación no es fácil si además el bebé tiene problemas graves; puede que tengáis sentimientos muy contradictorios e incluso sensación de culpa por tenerlos, o de fracaso como padres y madres.

Estos sentimientos contradictorios no son malos, suceden y son muy frecuentes. Se necesita tiempo para asimilar la noticia. Al principio algunos padres y madres se alejan del bebé, como si no fuera su problema, hasta que poco a poco se van adaptando a su nuevo hijo. Van poco a verlo, están apenas unos minutos, no le hacen ninguna foto para no «encariñarse con él», etc. Nunca es tarde para querer a vuestro bebé; el vínculo tardará más o menos en llegar, pero lo hará. Recordad que el vínculo del bebé con vosotros ya se ha iniciado antes del parto: es capaz de reconocer la voz de su madre y está acostumbrado a escuchar su intestino y su corazón. Ahora, precisamente ahora que tiene estos problemas, es cuando más os necesita.

Expresad lo que pensáis, no os guardéis vuestras emociones. Los estados de cambio de ánimo son frecuentes y os ayudarán a reconoceros a vosotros mismos y a lo que pensáis sobre lo que está pasando. Hablad, llorad, reíd.

Contar con otros padres que estén en la misma situación es de gran ayuda, porque conocen estos sentimientos ambivalentes y no tienen problema en reconocerlos; no sois malos padres o madres si inicialmente no queríais un bebé tan pequeño y de tanto riesgo. Poco a poco os convenceréis de que este es vuestro hijo o hija, y que sois lo más importante que tiene.

Cosas que los padres y madres debéis saber

Hay varias aspectos fundamentales en esta nueva situación que es mejor conocer desde el principio. Hay una tendencia a dulcificar las situaciones o a ver las cosas de forma totalmente negativa, por eso los siguientes puntos son muy importantes:

• El nacimiento de un bebé prematuro trae riesgos y dificultades, pero también alegrías y transformaciones en vuestras vidas. Ya nunca seréis las mismas personas.

• No hay tiempos. Es como una carrera de fondo en la que cada kilómetro, cada día, cuenta. Hasta que no se llega a la línea de meta, la carrera no ha acabado.

- Nunca ocultéis información a vuestra pareja. Al final el daño por guardarse algún aspecto negativo se multiplica cuando acaba sabiéndose. Necesitáis tener apoyo en vuestra pareja o familia. La información que deis a otras personas, más allá de vuestra pareja, depende solo de vosotros.
- No todas las personas reaccionan igual ante los mismos problemas. Cada uno los afronta de forma distinta, puede que de forma diferente a como os gustaría que lo hicieran, y todas pueden ser igual de válidas y profundas. Aparentar que la situación no os afecta o negarla, puede desconcertar a vuestra pareja. Una buena comunicación, decir lo que uno piensa, no lo que se espera que diga, es fundamental. Pedid ayuda, hablad.
- No hay formas correctas o incorrectas de sentir las cosas. Cada uno las siente de una forma distinta, y todas son normales, porque son únicas.
- Lo que se espera no tiene por qué ser lo que pase. Os daréis cuenta de que cuenta el día a día o el hora a hora.
- Habrá días buenos, y días malos. Y después habrá días peores. Y otros excepcionales. El camino tiene dificultades, y no todas están al principio. Puede que os sintáis muy optimistas cuando el bebé mejore rápidamente, y que os pongáis muy tristes cuando surjan algunas nuevas dificultades. Ya veréis que es una carrera de fondo, donde la paciencia y la constancia son los mejores aliados.
- A veces parecerá que, en vez de avanzar, vuestro bebé va hacia atrás. Puede que otros bebés parezca que van mejor y que el vuestro no termina de salir adelante. La comparación con otros bebés no sirve de mucho. Apoyaos unos a otros y dejaos cuidar por la unidad. Lo importante es, al final, volver a avanzar.
- La medicina no es una ciencia exacta. Pueden ocurrir imprevistos. Por ejemplo, pueden mejorar problemas aparentemente difíciles de superar.
- Cada bebé evoluciona de una forma diferente, y no todos tienen los mismos problemas. Comparar es humano, pero cada caso es distinto.

• Nadie os puede garantizar si un bebé irá bien o mal al principio, ni en vuestro hospital ni en ningún otro. Los neonatólogos tienen datos, pero la evolución real a largo plazo en un caso individual sigue siendo una incógnita.

• Las cifras de supervivencia o de secuelas son solo un tema estadístico, y hay que saber interpretarlas. Hay que tener las cifras más cercanas al lugar donde vuestro bebé esté. Hay que aprender a manejar la incertidumbre, se necesita tiempo para conocer qué va a pasar. Vuestro único caso a tener en cuenta es vuestro bebé.

• Vuestro bebé no es un conjunto de pruebas. Vuestro bebé es mucho más que eso. Por tanto, las pruebas, tanto buenas como malas, son solo un apoyo, pero no os las llevaréis un día a casa. Os llevaréis a vuestro bebé.

• Disfrutad de cada pequeña meta alcanzada, de cada pequeña victoria.

• Marcaos objetivos a corto plazo y realistas, según la situación de cada bebé. Que se le quite un aparato, que se aumente la alimentación, que gane peso, etc. Querer saber cuándo le darán el alta es muy frecuente, pero pronto os daréis cuenta de que no es lo importante. Lo demás irá llegando.

• Pensar siempre en lo peor o en un problema no os permitirá disfrutar de vuestro bebé. No magnifiquéis los problemas ni los peligros. Está ya aquí y ahora, y os necesita ahora más que nunca. Nos enfrentaremos a lo que pase entre todos, si pasa.

• Evitad ser los neonatólogos de vuestros hijos e hijas. Ayudadles a los que sí lo son. Confiad en ellos, facilitadles las decisiones en los momentos en los que se pueden seguir varios caminos. Vuestra opinión es importante, pero no busquéis cada término en Google para querer encontrar una alternativa. Las opiniones de todo el mundo que os rodea, o de otras personas que no han visto nunca al bebé, no son relevantes comparadas con las del equipo que sí atiende a vuestro bebé y a vosotros. Todos quieren lo mejor para vuestro bebé.

• No hay preguntas tontas. Muchas veces los neonatólogos o enfermeras no tendrán respuestas, pero al menos, esa es la respuesta.

• Hay muchos mitos sobre la prematuridad. La mayoría de las personas creen conocer qué es y qué le espera a un bebé prematuro, estando frecuentemente lejos de la realidad. Puede que vuestros conocidos solo se centren en el peso o en los días de vida que tiene, o en cuándo le van a dar el alta, cuando el verdadero problema puede que sea otro. No todos los médicos ni enfermeras saben sobre prematuros.

• Conocer las necesidades de vuestro hijo prematuro es un proceso que puede costar tiempo y esfuerzo.

• Expresar vuestros sentimientos solo os hace más humanos. Llorar, desesperanzarse, tener miedo y vivir el nacimiento del bebé como algo diferente a lo que esperabais no os hace malas personas. Os podéis encontrar muy mal por no sentir lo que se supone que ibais a sentir, por no «enamoraros» de él a primera vista. Los pensamientos de rechazo en los momentos iniciales son frecuentes y humanos. La idea que a veces se tiene, en los peores momentos, de querer que el bebé no siga adelante por estar muy grave, también existe, y no os hace malos padres ni madres.

• La sensación de abandonar al bebé puede que os impida volver a casa, pero tenéis que hacerlo. Parir y no llevar al bebé a casa no era la idea preconcebida, pero al final tendréis que volver para descansar. Con más motivo si tenéis otros hijos en casa.

• Tenéis que encontrar tiempo para vosotros, volveréis al hospital con mejor ánimo y más preparados. Hay días difíciles y hay que estar descansados. Hay que salir, hablar con amigos y amigas, buscar aquellas pequeñas cosas que os guste hacer y os sirvan para desconectar en parte de la situación. Hay que descansar, darse una ducha, ponerse ropa limpia. Si tenéis otros hijos, se merecen que sigáis siendo sus padres, al menos, dentro de lo que quepa en esta situación. Es difícil, pero hay que intentarlo.

• Pedid ayuda a familiares y amigos. Pero pedidles cosas concretas: haz la compra, llévame a tal sitio, recoge a mi otro hijo, hazme la comida, acompaña al abuelo al médico, etc. Las personas que quieren ayudar a menudo no saben qué hacer.

• Muchos padres y madres creéis que no podéis hacer nada, os sentís impotentes, desplazados, lejos de vuestro rol de padres. Sí podéis hacer cosas, porque sois sus padres, las personas más importantes para el bebé.

• La mayoría de los bebés prematuros evolucionan de forma favorable.

• Sea cual sea la evolución de vuestro bebé, ni la madre ni el padre seréis ya los mismos tras la estancia en la unidad neonatal. Os sorprenderéis de la facilidad para sentir amor, cariño y miedo por ese pequeño ser; os sorprenderéis de haber podido vivir tanto tiempo sin él o ella; os sorprenderéis de poder querer tanto a una persona tan débil de forma incondicional. Os sorprenderéis de que, de repente, es vuestro talón de Aquiles y vuestra esperanza. Os sorprenderéis de que vuestro bebé, muchos días, os de la fuerza y el sentido que parece que habíais perdido.

¿Qué es un bebé prematuro?

Los bebés prematuros son aquellos que nacen antes de la semana 37 de gestación. Cuando os dice la matrona la fecha probable del parto, se refiere al día en el que cumplís 40 semanas de gestación, contando desde el primer día de la última menstruación. Por tanto, todos los bebés que nacen al menos tres semanas antes de la fecha probable del parto son prematuros.

Los prematuros no son todos iguales, y cada uno tendrá unas necesidades especiales según otra serie de factores, además de la edad a la que nacen. Incluso hay prematuros que no llegan a ingresar en el hospital y se van de alta como cualquier otro niño o niña más. Pero lo que todos necesitan es el cariño y el amor de sus padres.

Los bebés prematuros se pueden clasificar de muchas formas, porque así son esperables y detectables algunas posibles complicaciones. La formas más importantes de agruparlos se refieren a la edad gestacional o al peso.

La edad gestacional es el parámetro aislado que mayor influencia tiene en el desarrollo del bebé. Según la edad gestacional, los prematuros se dividen en:
- Entre 34 semanas y 36 semanas: prematuros tardíos.
- Entre 32 y 33 semanas: prematuros moderados.
- Menores de 32 semanas: grandes prematuros.
- Menores de 28 semanas: prematuros extremos.

No es lo mismo un bebé de 35 semanas de edad gestacional que uno de 27. Las complicaciones y el pronóstico son diferentes, aunque cada caso individual sea único.

La clasificación basada en el peso es la siguiente:
- Menores de 2.500 gramos: bajo peso.
- Menores de 1.500 gramos: muy bajo peso.
- Menores de 1.000 gramos: extremado bajo peso.
- Menores de 750 gramos: prematuros diminutos.

Así, es posible que vuestro bebé sea un menor de 1.500, o bien un prematuro tardío, por ejemplo. Son expresiones que oiréis más de una vez en el hospital y fuera de él.

Además, cada edad gestacional tiene un peso y una longitud dentro de la cual un bebé está entre los que crecen normalmente. Si un bebé de 30 semanas pesó 2.400 gramos, es más grande de lo que le corresponde, y sería un grande para la edad gestacional (grande para las 30 semanas). Si un bebé prematuro de 30 semanas pesara 500 gramos, sería demasiado pequeño para la edad gestacional. Estas variaciones, no ser adecuado para la edad gestacional, pueden hacer que el prematuro tenga alguna ventaja, pero más frecuentemente, más riesgos.

En España hay un 8-10% de partos prematuros y la mayoría de ellos son prematuros tardíos. La estancia en el hospital puede ir desde las 24-48 horas habituales tras el parto, en bebés prematuros de 35-36 semanas si cumplen una serie de requisitos, hasta varios meses en los casos de los prematuros más inmaduros

¿Qué tienen de diferente los bebés prematuros?

Los bebés prematuros tienen inmadurez en todos sus órganos y deben terminar de madurarlos fuera del mejor lugar conocido, el útero de sus madres.

Con esos dos grandes retos vienen al mundo y, además, surgen obstáculos que hacen que esa maduración no se consiga o que se altere. Las unidades de neonatología tratan de ayudar a que los prematuros maduren en sus diferentes aspectos y que lo hagan de la forma más adecuada. Por tanto, no es un tema de ganar peso, sino algo más complejo.

Es muy conocido que los bebés prematuros tienen poco desarrollados los pulmones; pero tampoco tienen desarrollado el tubo digestivo, con lo que no se pueden alimentar igual; ni tienen desarrollados los sentidos (por ejemplo, la retina está formándose); ni, por ejemplo, el cerebro, que tiene más facilidad para sangrar que en niños nacidos en su tiempo y tiene que terminar de formarse en un ambiente extraño (en el cerebro de un bebé de 24 semanas casi no se aprecian los surcos). Para ayudar a estos bebés existen muchos tratamientos y métodos, pero algunos de ellos llevan otros riesgos asociados, por lo que pueden ir surgiendo diferentes problemas en función de los días de vida del bebé prematuro.

Muchas veces no sabemos si las lesiones de un bebé muy prematuro se deben a la prematuridad o a la facilidad con que los diferentes tratamientos pueden producirles daños. La incubadora le dará calor y evitará que pierda muchos líquidos por la piel; el ventilador le ayudará a respirar; la sonda, a poder alimentarse hasta que aprenda a coordinar la succión con la deglución. Todas esas cosas son necesarias, pero hay que controlarlas de forma muy estrecha para que no causen daño, al igual que lo nuevos tratamientos o modas.

Nada es gratis, todo tiene una utilidad, pero también un riesgo.

¿Cuáles son los prematuros con más riesgo?

Puede que os hayan dicho que los bebés prematuros de una determinada edad gestacional no tienen riesgo o solo están «para engorde» o que «van solos». Nada más lejos de la realidad.

Es cierto que la medicina neonatal ha conseguido avances espectaculares en los últimos años, pero la realidad va por otro lado. En general, a menor edad gestacional y menor peso, más riesgo. Prácticamente todas las complicaciones que puede tener un bebé de 24 semanas de edad gestacional las puede tener también uno de 34 semanas. La diferencia es que a las 34 semanas es muchísimo menos probable que las tenga, mientras que a las 24 semanas es posible que tenga varias. Pero cada caso, es único.

¿Todos los prematuros ingresan?

En muchos hospitales, los prematuros de 35 semanas de edad gestacional o más no ingresan si nacen con buen aspecto, no necesitan ayuda para respirar, mantienen bien la temperatura corporal y son capaces de alimentarse para mantener normales los niveles de azúcar en sangre. Bajo las 35 semanas de edad gestacional, que consigan esto en la maternidad es excepcional.

Respecto al peso, es práctica habitual ingresarlos si pesan menos de 2.100-2.000 gramos, pero en muchos hospitales hay una tendencia a no ingresar a bebés con pesos inferiores. Hace años, a estos prematuros (los prematuros tardíos, que son la inmensa mayoría, aunque son los menos mediáticos) se les hacía poco caso. Incluso se les llamaba «casi a término», y se ignoraban sus necesidades y complicaciones, cuando hoy día se sabe que tienen necesidades especiales y hay que tratarlos de forma especializada. En ocasiones, muchos de estos prematuros acaban ingresando al alta de sus madres desde la maternidad o en las primeras semanas de vida, ya sea por ictericia (coloración amarillenta de la piel), por deshidratación o por infecciones. En vuestro hospital, el pediatra os informará sobre vuestro bebé prematuro tardío, y si es necesario o no el ingreso.

•¿Por qué ingresan?
Muchos bebés tienen dificultades para respirar, para comer o para mantener la temperatura corporal de forma adecuada. En las unidades de neonatos se les da calor (cunas, incubadoras), se les alimenta (leche materna, leche materna donada, sondas, nutrición parenteral, etc.) o se les ayuda a respirar (ventiladores mecánicos, oxígeno, etc.). En menores de 35 semanas es difícil que consigan esto por ellos mismos en los primeros días de vida.

La edad postconcepcional y la edad corregida

Los términos edad postconcepcional y edad corregida entrarán en vuestras vidas para no salir al menos hasta los dos años, por lo que cuanto antes lo conozcáis, mejor, ya que os ayudarán a comprender muchas cosas.

¿Qué es eso de la edad postconcepcional? Es la edad gestacional que vuestro bebé tendría si no hubiera nacido. Imaginad que vuestro bebé nace de 32 semanas. Cuando tenga 4 semanas de vida, tiene 36 semanas de edad postconcepcional (32+4:36). Los bebés de su promoción, los que no han nacido, van por la semana 36. Pasadas otras 4 semanas, tendría 40 semanas de edad gestacional si no hubiera nacido.

Desde que cualquier prematuro llega a esas 40 semanas teóricas, se empieza a contar de 0, y como edad corregida. En el ejemplo anterior, el bebé de 32 semanas, 8 semanas después tendría 40 semanas, o lo que es lo mismo, 0 semanas de edad corregida.

Unos prematuros llegan más tarde y otros más rápido a los 0 días de la edad corregida. El que nació de 28 semanas necesita 12 semanas (3 meses de vida); el que nació de 24 semanas, necesita

16 semanas (4 meses de vida); el que nació de 36 semanas, necesita solo 4 semanas.

•¿Por qué es tan importante?

Porque el desarrollo del bebé se basa en la edad corregida, no en la edad desde que nació. Así, lo que debería hacer un bebé a partir del mes de edad corregida, como la sonrisa social, se le pide a un prematuro de 36 semanas cuando tiene 8 semanas (36+4: 0 de edad corregida; + 4 semanas más); a uno de 28 semanas, cuando tiene cuatro meses (28+12 semanas: 0 de edad corregida; ahora 4 semanas más) y así sucesivamente. Además, los niños y niñas prematuros, por poca estimulación y por enfermedades graves, pueden incluso tardar más aún, incluso contando con la edad corregida, y tener un desarrollo normal.

Y no solo en el desarrollo neurológico, sino que también en cómo ganan peso o crecen, se usa la edad corregida. Si un día vais a urgencias con vuestro bebé que tiene 6 meses de vida, pero que fue prematuro de 24 semanas, realmente será el bebé de 6 meses más pequeño que hayan visto nunca, porque no hay que compararlo con los niños de 6 meses, sino con los de su promoción, que nacieron después y ahora solo tienen 2 meses. Es fácil de entender: desde la semana 24 a la 40 van 16 semanas, que son 4 meses.

• Una forma rápida de saber la edad corregida es restar a la edad del bebé los meses que se adelantó. Si un bebé se adelantó 4 meses al parto, y ahora tiene 6 meses de vida, tendrá 2 meses de edad corregida (6-4:2).

•¿La edad cronológica para qué sirve?

Es la fecha de nacimiento legal y además sirve para administrar, por ejemplo, las vacunas, que no se ponen según la edad corregida (es de las pocas excepciones).

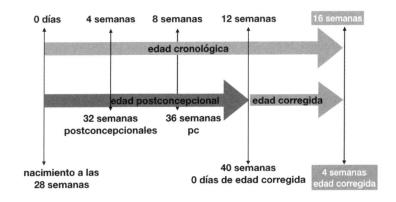

El límite de la viabilidad

La supervivencia de los prematuros ha mejorado mucho en España en los últimos años, aunque hay variaciones de unas unidades a otras, y siempre cada caso individual es diferente. Si hace unos años los menores de 28 semanas tenían pocas posibilidades de vida, actualmente es todo lo contrario y la mayoría van hacia adelante y cada vez mejor.

Las familias os enfrentáis a informaciones muy sesgadas, dependiendo de quién os la da, que por ser médico no tiene por qué ser correcta. Los hay, aún a día de hoy, que creen que no merece la pena ilusionarse porque bajo las 28 semanas o incluso las 30, todos fallecen, y también, muchos que creen que todo es posible y en todos los casos, y que los «milagros», como los que salen en la prensa, son muy frecuentes. Ni una cosa ni la otra. La información debe ser actualizada y lo más cercana a la zona donde el bebé ha nacido, para que sea real. Los datos de hace diez años solo sirven hoy en día para saber que esos límites ya se han superado.

Pero la supervivencia no es el único dato, y probablemente, no es ni el más importante. Los problemas que acarrean los prematuros son tanto o más importantes, y el foco actual está en conseguir niños y niñas lo más sanos posibles.

Actualmente, la supervivencia en España en mayores de 25 semanas es mayor del 50%, y la probabilidad de supervivencia sin problemas graves también es mayor de la mitad de los casos. Entre 22, 23 y 24 semanas, hay muchos factores asociados para determinar si el bebé sobrevivirá o si tendrá secuelas intolerables, por lo que a veces se os puede pedir opinión sobre qué hacer en determinados momentos, incluso antes del parto. Sois vosotros los padres, no lo olvidéis.

La tasa de mortalidad en menores de 1.500 g en España es del 12,1%.

• **¿Qué es importante, a día de hoy, para saber los riesgos?**
Los factores más importantes para la supervivencia y también para las secuelas en un bebé prematuro son:

— La edad gestacional: a menor edad gestacional, mayor mortalidad y secuelas. Actualmente el límite de la viabilidad está en unas 23-24 semanas (a veces incluso 22 semanas). Los bebés sobreviven cada vez más sin que haya aumentado el porcentaje de bebés con secuelas graves.

— El peso: cuanto menor peso, mayores problemas. A veces es difícil saber el peso en las primeras horas de vida.

— El sexo: los varones tienen más mortalidad y enfermedades derivadas de la prematuridad. Por ejemplo, tienen los pulmones más inmaduros al nacer. El sexo del bebé es uno de los factores más importantes.

— Si son gemelos o no: los gemelos tienen más problemas.

— Si la madre ha recibido corticoides prenatales: la administración de corticoides a la madre ha conseguido reducir la mortalidad de los prematuros, y también la frecuencia de sus complicaciones (lo veremos luego). Los neonatólogos dirán que «está madurado» si la madre los ha recibido.

— Las enfermedades asociadas: un bebé con un problema que requiera cirugía urgente o que presente malformaciones graves, o que nazca con una infección, tiene mucho más riesgo de fallecer o de tener secuelas que otro que no tenga estos problemas al nacer.

— En el caso de los bebés en el límite de la viabilidad (22,23,24 semanas), una de las cosas más importantes es intentar frenar el parto y tratar mientras a la madre con corticoides. La probabilidad de supervivencia aumenta hasta un 2% al día si no nace.

— El otro factor importante, en las 22-23-24 semanas, es querer reanimar al bebé. Si no se reanima, no sobrevivirá probablemente, y se creerá que a esas edades ninguno sobrevive. Hay países donde se reaniman bebés de 22 semanas, como en Japón, obteniendo resultados por ahora aceptables; en otros, los resultados son muy malos. Si nunca se avanzara en la edad gestacional, si nunca se intentara conseguir sacar niños más pequeños adelante, aún pensaríamos que un bebé de 28 semanas tiene pocas posibilidades; hoy en día, más del 90% de ellos sobreviven.

En todo caso, los neonatólogos os hablarán sobre las posibilidades de vuestro propio bebé, según sus factores de riesgo asociados.

• **¿Va a tener secuelas?**

Los mismos factores que influyen en la supervivencia están relacionados con las secuelas. Son necesarias pruebas para conocer si el bebé tendrá riesgo de tener algún problema en el futuro, pero muy a menudo, solamente el tiempo, la evolución y la evaluación periódica servirán para conocer a aquellos bebés con alteraciones.

Es muy difícil al principio saber qué bebés tendrán problemas en el futuro y cuáles no; la evolución depende de tantos factores que una sola prueba no suele significar mucho; y al revés, la normalidad de las pruebas no es garantía de una evolución favorable siempre.

En todos los casos, lo importante será conseguir la supervivencia de los prematuros con la mínima cantidad de secuelas tolerables. Algunas de las secuelas de los prematuros solo se reconocen años después, por ejemplo, los problemas de aprendizaje. Pese a esto, la mayoría de los bebés prematuros evolucionan de forma favorable, y cada vez más gracias al avance de los cuidados de estos bebés (tecnológicos, de trato, de alimentación, de estímulos, etc.), hay mejores resultados. Iremos viendo posteriormente lo frecuentes que son estos problemas en España.

LA UNIDAD DE NEONATOS

La unidad de neonatos es el lugar del hospital donde ingresarán al bebé y se le darán los mejores cuidados. En poco tiempo será como vuestra casa. Incluso puede que la llaméis «la neo», o «neonatos», que es como sus trabajadores la llaman.
Vamos a ver si os gusta.

Paritorio, reanimación y Apgar

Los profesionales de la unidad de neonatos irán al parto del bebé para reanimarlo y darle desde el principio los mejores cuidados hasta que llegue a la unidad[2]. Si han tenido suficiente tiempo antes, habrán hablado con vosotros, e incluso puede que os hayan enseñado las instalaciones. Esto reduce mucho la ansiedad. Pero no suele ser lo habitual, porque los bebés prematuros llegan muchas veces por sorpresa y rápidamente.

Estimularán al bebé, le aspirarán secreciones y tratarán de que no se enfríe, con un gorro, calor radiante y, si es muy pequeño, envolviéndolo en un plástico. Si no respira bien, le colocarán la boca y el cuello en la mejor posición; puede que necesiten meterle aire a presión con una especie de bolsa y una mascarilla, o incluso, que necesiten introducirle un tubo de plástico en la tráquea para conectarlo a un ventilador. Cuando no se consigue una buena frecuencia cardiaca, al bebé se le da masaje cardiaco o incluso se le administra adrenalina, todo esto en los primeros minutos de vida.

El test de Apgar es una puntuación que se mide al minuto, a los cinco minutos y también a los diez minutos. Se valora la frecuencia

---

2. Cerca de un 24% de los menores de 1.500 gramos no precisaron reanimación tras el nacimiento, pero a medida que el peso y la edad gestacional es menor, la necesidad de reanimación aumenta. Por ejemplo, la mayoría de menores de 750 gramos, y casi la mitad de un peso entre 750 y 1.000 gramos, necesitan intubación al nacer. El 45% de los bebés de 26-27 semanas también necesitan intubación al nacer.

cardiaca, la coloración de la piel, el tono del bebé, la respiración y los reflejos, con un máximo de diez puntos. Puntuaciones bajas en el minuto uno indican que el bebé precisa reanimación. Los bebés prematuros siempre tienen puntuaciones más bajas que los niños que nacen a su tiempo porque tienen menos tono y menos reflejos.

Después llevarán al bebé en una incubadora de transporte hasta la unidad neonatal.

Neonatos

Los padres pronto os dais cuenta de que es un sitio diferente al resto del hospital. Puede que hasta que os den las primeras informaciones, os fijéis en un panel con fotos de muchos bebés, colgadas de un tablón.

Cada una es una historia de un prematuro que ha luchado allí. Son solo gotas sueltas en una corriente de agua. Algunas muestran a seres diminutos, junto a ellos mismos años después, ya como niños de 4 o 5 años. Puede que pongan en las fotos el peso al nacer y la edad gestacional, junto a su nombre. Son solo pequeños textos en papelitos, donde se agradece al personal el cuidado que tuvieron por su hijo o hija, algunos de ellos incluso escritos por los propios prematuros. Si os fijáis bien, la mayoría de las fotos y mensajes no informan sobre si el resultado fue bueno o malo. Solo muestran agradecimiento.

Cuando por fin entráis, puede que veáis incubadoras y cunas en fila, monitores y alarmas de significado desconocido. Lo más probable es que os sintáis abrumados y no reconozcáis nada.

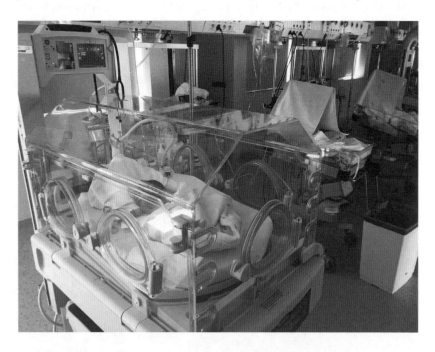

Normalmente estas unidades neonatales tienen varias partes, aunque depende mucho de cada hospital. Una de ellas es la unidad de cuidados intensivos neonatales (UCIN), donde están ingresados los bebés más prematuros, pero también otros recién nacidos con problemas. Hay más zonas, como la unidad de cuidados intermedios o la unidad de cuidados básicos. Todas son importantes, y todas tienen retos y bebés que cuidar. No solo hay prematuros en las unidades neonatales, sino bebés menores de 28 días de vida, que es como se define a un recién nacido. Los prematuros son recién nacidos hasta los 28 días de edad corregida. Depende de cuándo nacieran, eso puede ser incluso meses de edad cronológica. Es decir, cuando llegan a la semana 40 y 28 días más.

En la UCIN se dan todo tipo de cuidados a los prematuros más pequeños. Dependiendo del estado de cada bebé, de su edad gestacional o de su peso, podrá ir pasando de una parte de la unidad a otra. En ellas, pronto bañaréis a vuestro bebé, le hablaréis, le daréis la alimentación, etc. Al principio os puede parecer un lugar extraño, con luces y sonidos desconocidos, mezclado con adornos infantiles, y gente yendo y viniendo, muchas veces con preocupación. Y en medio de ese movimiento, vuestro hijo. Con un poco de tiempo veréis que todo está pensado para acogeros a vosotros, ya que los padres y madres sois para la unidad de neonatos, tan importantes como vuestro bebé.

Las unidades de neonatos deben ser unidades abiertas a los padres las veinticuatro horas del día. No hay motivos reales para que sean de otra forma. Si en el hospital donde está vuestro bebé aún se actúa como hace años, restringiendo el paso de los padres y madres a solo unas horas al día, debéis saber que tenéis derecho a pasar cuando queráis. La evolución de los bebés es peor, y a la larga, el vínculo que se crea es más dificultoso, porque vuestro bebé es algo que solo podéis tocar durante un rato, solo un poco de tiempo al día. No tiene sentido. Debéis poder darle el pecho, hablarle, tocarle, sin restricciones, sin horarios, sin esperar a un horario de apertura.

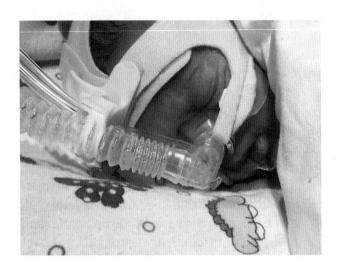

¿Cómo es un bebé prematuro?

A los padres y madres os parece que son muy pequeños, y es verdad, pero tienen muchas otras características. Son muy distintos a los bebés que nacen a su tiempo. Su piel es más delgada y rojiza, dejándose transparentar las venas. La piel es tan frágil que con un leve contacto o con un rozamiento, o al poner un esparadrapo, puede sangrar o romperse. En ocasiones, pueden tener lanugo, una especie de vello que les cubre la piel y que desaparece con el tiempo. Tienen poca grasa bajo la piel, lo que les da un aspecto de delgadez; tienen la cabeza más grande respecto a su cuerpo, y los brazos y piernas más largos; los surcos de las palmas y plantas pueden no estar desarrollados; y el cartílago de las orejas tampoco, por eso cuando se doblan las orejas, pueden quedar en esa misma posición. El tono de sus músculos es escaso y se mueven poco. Quizá no escuchéis su llanto. Pero también realizan movimientos de brazos y piernas o abren los ojos. Poco a poco lo iréis descubriendo. Si le ponéis un dedo en la palma de la mano, el bebé la cerrará. Y ya os tendrá atrapados para siempre. Los testículos en los varones puede que no hayan bajado a las bolsas escrotales, y en las niñas, los labios mayores no cubren a los menores y el clítoris parece más grande. En prematuros de 23 o 24 semanas, a veces, los párpados están fusionados al nacer, pero se van abriendo posteriormente solos.

Cuando no se conoce la edad gestacional, gracias a una serie de características físicas y del comportamiento del bebé, se puede estimar de forma bastante acertada las semanas de gestación. Poco a poco, a medida que crezca, se parecerá más a los recién nacidos más grandes.

Es posible que cuando os acerquéis por primera vez a vuestro bebé, no le veáis bien la cara porque lleve algunos aparatos para respirar mejor que se la tapan un poco; y puede que el resto del cuerpo esté cubierto por unas telas para contener al bebé en una posición cómoda. No es como el bebé que esperábais pero es vuestro hijo o hija, y os conocéis antes de tiempo. Ahora es cuando más hay que ayudarle.

¿Puedo tocarlo?

Puede que os impresione todo lo que lleva encima, pero debéis tocar a vuestro bebé. Lo necesita el prematuro y lo necesitáis vosotros. Hay que superar la barrera de los aparatos para llegar al bebé. Después veremos qué son y para qué los lleva.

En la unidad de neonatología hay que lavarse las manos al entrar y luego usar un gel hidroalcohólico para tocar al bebé; en otras, además, hay que ponerse batas o mascarillas, aunque se cree que esto realmente no hace falta en la actualidad. En todas os pedirán que no uséis anillos ni relojes para tocar a los más pequeños. Seguid las normas de vuestra unidad y pronto podréis colaborar en su higiene o su alimentación.

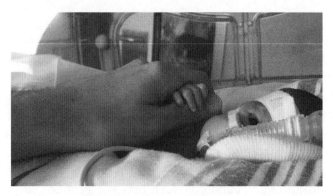

Eva, 25 semanas, 650 gramos.

Tocarlo es importante: se fortalece el vínculo de los padres y madres con el bebé. Muchos padres tenéis miedo a tocarlos, por si le hacéis algún daño, pero eso es casi imposible. Acarícialo, háblale, cántale. Si se siguen las normas de higiene que se os darán, pronto cogeréis a vuestro bebé prematuro e ¡incluso lo colocaréis sobre vuestro pecho!

¿Qué lleva mi bebé puesto?

Al principio los padres no sabéis cómo moveros en la unidad, y todo os parece extraño, y que es cosa de los demás, que si tocáis algo se romperá o pasará algo malo; poco a poco os sentiréis más cómodos allí.

La primera sensación al acercaros a vuestro bebé puede intimidar, porque está dentro de una especie de carro de plástico, donde solo veis tubos, cables desconocidos que entran y salen de vuestro bebé, máquinas que hacen ruido, y alarmas que pitan. Os puede dar miedo hasta estar cerca y, de hecho, algunos padres y madres guardáis una distancia.

Esa distancia hay que cruzarla.

Si sabéis qué son esas cosas, más fácil es que entendáis que son para ayudar a vuestro bebé, y a no verlas como un enemigo o una barrera, sino como medios que harán que vuestro hijo salga adelante. Todo lo que lleva vuestro bebé encima tiene un sentido y una función. Vamos a intentar que lo conozcáis.

• Incubadoras y cunas

Los prematuros pueden estar en diferentes cunas: incubadoras (una especie de cabinas de plástico), cunas térmicas o cunas normales. En las incubadoras, se les mantiene en un ambiente de calor y humedad determinados, pudiendo suministrarles además oxígeno y otros tratamientos. Si no se pudieran mantener calientes, los bebés se enfriarían mucho; si no se les administrara humedad, perderían mucho líquido a través de su piel, y ambas cosas son muy perjudiciales. Tienen unas puertas que se abren para llegar al bebé. Las propias incubadoras permiten pesar al bebé prematuro sin tener que sacarlo. En algunos hospitales, existe la posibilidad de ir con la propia incubadora al paritorio o al quirófano y darle todo lo que necesita de forma portátil; al volver a la unidad ya no hay que cambiar al bebé prematuro de lugar. Los prematuros suelen salir de las incubadoras cuando llegan a los 1.700-1.800 gramos, pero hay otros factores que pueden variar esa decisión.

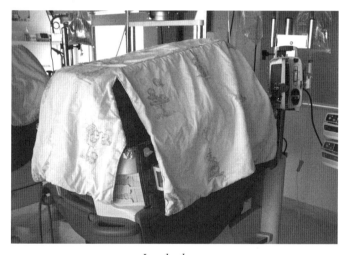

Incubadora.

En las cunas térmicas, usadas en prematuros de mayor edad gestacional, el bebé ya no está dentro de un lugar cerrado, pero aún tiene fuentes de calor. Algunas incubadoras se pueden transformar en cunas térmicas si es necesario tener mayor acceso al prematuro.

Cuna térmica.

Las cunas normales no tienen elementos que den calor añadido, y los prematuros pasan a ellas cuando se acercan a la edad de a término.

Las cunas de fototerapia llevan unas lámparas que se colocan sobre los bebés. Emiten una luz especial que hace que la bilirrubina, una sustancia que se acumula en los bebés prematuros y les da un aspecto amarillo, vaya descendiendo. Algunas cunas llevan las lámparas incorporadas, pero hay otras lámparas portátiles que se colocan sobre las incubadoras.

Cuna de fototerapia.

• Monitores

Los aparatos que el bebé tiene se pueden dividir en dos grupos: los que miden parámetros y los que le dan tratamientos al bebé. Entre los que miden cosas, están los siguientes:

— **Monitores:** son una especie de pantallas donde, en diferentes colores, van saliendo unos números que reflejan la frecuencia a la que late el corazón, la frecuencia respiratoria, el nivel de oxígeno en sangre o la tensión arterial. Pueden medir más cosas según la situación.

Hay muchos tipos de monitores, pero todos recogen datos del bebé por medio de unos cables que salen de ellos y se colocan, con electrodos, en la piel del bebé o dentro de sus vasos sanguíneos u otras zonas de su cuerpo. Puede que con el tiempo los datos se recojan de forma inalámbrica, pero por ahora esos dispositivos no están generalizados.

Los monitores tienen alarmas que pitan según lo que estén leyendo, desde una desconexión del cable a una alteración de lo que está midiendo. Descubriréis que muchas alarmas que suenan son falsas alarmas, y el personal lo comprueba sin relativa inquietud.

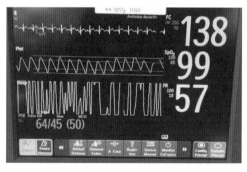

Da arriba a abajo, alarma de saturación; 138, la frecuencia cardiaca; 99, la saturación de oxígeno; 57, las respiraciones por minuto; 64/45 (50), la presión arterial sistólica, diastólica y media.

— **Pulsioxímetro:** es el monitor que mide la cantidad de oxígeno que hay en sangre. En el niño se coloca un sensor que lleva una luz, con una banda adhesiva en una de sus manos o pies. También mide la frecuencia cardiaca. Muchas veces esta pulsioxímetro es individual y no forma parte de un monitor más completo. Es muy frecuente pasar de un monitor completo a un pulsioxímetro a medida que el bebé está más estable. Gracias al pulsioxímetro no es necesario pinchar al bebé para conocer cómo está oxigenándose.

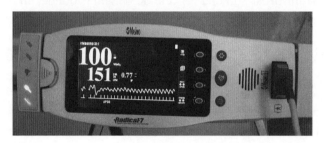

El 100 representa el oxígeno en sangre; el 151 es la frecuencia cardiaca.

— **Electrodos cardiorrespiratorios:** son unos cables, muchas veces de colores, que se colocan sobre el pecho del bebé para detectar su frecuencia cardiaca en el monitor. Veréis que el cable rojo está a la derecha del bebé, el amarillo a la izquierda y el verde o negro en la parte baja del tórax, formando entre los tres un triángulo. Si uno de los tres se suelta, suena una alarma.

— **Sensor de temperatura:** permite saber la temperatura del bebé y ajustar el calor que la incubadora debe darle.

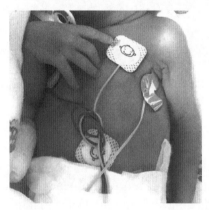

Electrodos cardiacos, y a la derecha de la imagen, sensor de temperatura.

— **Monitor de presión arterial:** integrado en el monitor principal, hay un cable que acaba en una especie de manguito, que se hincha cada cierto tiempo alrededor del brazo o la pierna del bebé para conocer la presión arterial. En otras ocasiones, la tensión arterial se detecta desde dentro de los vasos sanguíneos, por medio de un catéter introducido en una de las arterias del bebé.

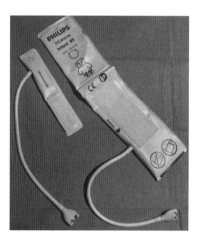

Diferentes tamaños de manguitos de presión arterial.

— **Monitor de oxígeno y dióxido de carbono transcutáneo:** mediante un cable que se coloca en una especie de cazoleta en la piel del bebé, se puede saber el nivel de oxígeno o el de dióxido de carbono (lo que se debe eliminar con la respiración) en la sangre. Para ello, el sensor calienta la piel del bebé, y por eso veréis que cada cierto tiempo lo cambian de lugar en la piel del prematuro, para no dañarla. Esa zona de la piel queda muy enrojecida al usarlos; por eso en los más pequeños no se usa.

— **Monitor de dióxido de carbono exhalado:** cuando un bebé necesita respirar con una máquina, podemos también medir el dióxido de carbono, colocando un sensor cerca del tubo por el que le metemos aire en el pulmón al bebé, y nos dice cómo es su nivel sin tener que pincharle.

— **Monitor de función cerebral:** en algunos bebés prematuros es necesario conocer cómo se comportan sus cerebros, mediante una especie de registro de la actividad eléctrica cerebral, parecido a lo que un electroencefalograma realiza. Ya sea con un casco especial, o con unas agujas en la piel de la cabeza, se va registrando en un monitor el patrón de actividad cerebral.

• **Vías, sondas y bombas**
Hay otros aparatos y dispositivos que lo que hacen es dar medicaciones, alimento, etc., al bebé prematuro. Entre ellos están las vías, las sondas, etc. Muchos de ellos, además, miden también parámetros del bebé. Vamos a conocerlos.

— **Vías:** son los tubitos por los que se le administran al bebé medicamentos, líquidos, etc., casi siempre insertándolos directamente en una vena o en una arteria. Si la vena o arteria es de gran tamaño (para el bebé), se llaman vías centrales y permiten dar sustancias más concentradas o irritantes o extraer muestras de sangre sin tener que pinchar al bebé; si están en una vena más pequeña y superficial, se llaman vías periféricas. Pueden estar en las manos, pies, piernas, brazos o en el cuero cabelludo.

También se llaman catéteres, centrales o periféricos. Dentro de los más frecuentes, están el catéter en la vena umbilical, o en la arteria umbilical, que son unos vasos que se canalizan desde el cordón umbilical.

Hay un tipo especial de catéteres, llamados epicutáneos, que se meten desde una vena pequeñita y superficial del brazo, pierna o cuero cabelludo, pero que son largos y se van introduciendo hasta llegar a una vena central. Estos epicutáneos, bien manejados, pueden durar semanas.

De todas las vías hay diferentes calibres según el tamaño del bebé. La enfermería neonatal es experta en coger este tipo de vías, en venas de milímetros de grosor.

*El epicutáneo de la izquierda mide 0,3 milímetros de grosor;
la vía umbilical de la derecha, 1,3 milímetros.*

— **Sondas:** los sondas son otros tubitos de diferentes materiales, que sirven para dar alimentación directamente en el estómago (sonda gástricas), para succionar las secreciones del bebé (sonda de aspiración) o para recolectar la orina del bebé si se necesita (sonda urinaria). Hay otros muchos tipos de sondas. La sonda gástrica es una de las más usadas; se coloca por la boca y, a veces, también por la nariz.

— **Bombas:** las medicaciones o alimentos que se dan a un bebé mediante vías o sondas pueden pasarse manualmente, apretando una jeringa, o con bombas. Las bombas son unas pequeñas máquinas que administran los líquidos o las medicaciones a un ritmo concreto. Muchos bebés prematuros tienen varias bombas cerca de la cuna, especialmente al principio. Cuando la medicación se va a terminar, o si la vía o sonda se obstruye, la bomba emite un sonido advirtiendo de ello.

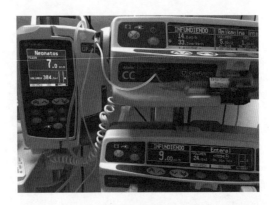

En la imagen tres bombas: la de la izquierda infunde un suero a 7 mililitros por hora; la de arriba a la derecha está pasando el antibiótico amikacina a un ritmo determinado en una vena; en la de abajo, se está infundiendo leche al estómago por medio de una sonda a 9 mililitros por hora.

• **Gafas nasales, CPAP, ventiladores**

— **Gafas nasales:** de la pared sale un tubito que se pone alrededor de la cabeza del bebé. Tiene dos cánulas para meter por los orificios nasales y administrar oxígeno al prematuro. Según la cantidad de litros, se da más o menos oxígeno.

— **Máquinas de CPAP nasal:** son máquinas de ventilación no invasiva. Esto significa que no hay que meter ningún tubo o dispositivo dentro de la tráquea del bebé. La CPAP significa *presión continua en la vía aérea.*

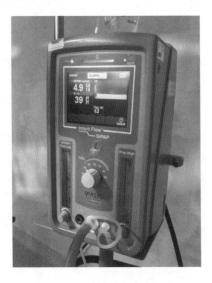

Se administra al bebé aire a una presión constante en su vía aérea, y con una cantidad de oxígeno determinada, para mantener el pulmón abierto entre las respiraciones y así que pueda respirar mejor. El prematuro debe ser capaz de respirar por sí mismo.

Prematuro con gorro de CPAP, interfaz de la CPAP en la nariz, gafas protectoras de fototerapia, sonda orogástrica, electrodos cardiacos y sensor de temperatura.

Las enfermeras les colocan en la piel de la cara unos protectores para que no les hagan daño las mascarillas o cánulas nasales que deben llevar. En algunos momentos, aprovechan para quitárselas y hacerle masajes en esas zonas de la piel de la cara. Es muy frecuente que los bebés tengan que llevar un gorro para poder sujetar las piezas de la CPAP sobre la nariz, amarradas con unas tiras adhesivas. Si vuestro bebé es menor de 30 semanas es probable que la necesite en algún momento.

Diferentes mascarillas y cánulas nasales para administrar CPAP nasal. Varían de tamaño en función del peso del bebé.

— **Gafas nasales de alto flujo:** son un paso intermedio entre la gafas nasales y la CPAP; son más cómodas que la CPAP para el bebé. Permiten dar aire a los litros que se quiera, con o sin oxígeno suplementario.

— **Ventiladores mecánicos:** son máquinas más complejas. Permiten sustituir de forma completa, si es necesario, la respiración del bebé a través de un tubo de plástico que se introduce en la tráquea del prematuro desde la boca o la nariz. Los respiradores están conectados a su vez a tomas de aire y oxígeno que salen de las paredes de la unidad o de bombonas de transporte. Algunos ventiladores también tienen la opción de funcionar además como CPAP nasal. Hay muchos modelos distintos de ventiladores.

Existe una modalidad llamada *alta frecuencia oscilatoria,* en la que el bebé respira muy rápido, a más de 300 veces por minuto, y moviendo solo pequeñas cantidades de aire. Desde fuera lo que veis es que el bebé está vibrando. Algunos ventiladores llevan la alta frecuencia como una opción más, pero también hay ventiladores específicos que solo hacen eso.

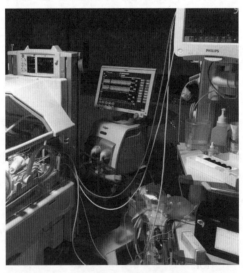

Prematuro conectado a un ventilador mecánico (máquina del centro); a la derecha se observan varios monitores. Es de noche, y solo hay luz en este puesto.

— **Tubo endotraqueal:** son unos tubos más rígidos que las sondas, que conectan el ventilador con los pulmones del bebé. Hay de diferentes tamaños y formas, según las necesidades de cada bebé específico. En ocasiones, además de ayudarles a respirar, pueden usarse para dar medicación directamente a los pulmones, como sucede con el surfactante. Algunos se fijan a la cara de los bebés con unas mariposas de plástico.

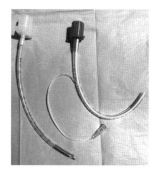

Tubos endotraqueales; el de la derecha lleva dos luces, para poder administrar medicación.

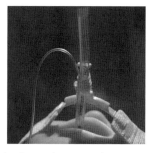

Fijación del tubo endotraqueal con una mariposa sobre la cara del prematuro.

— **Tubo de drenaje pulmonar:** puede que el bebé tenga un tubo que entre desde la piel del pecho hasta el pulmón, para ir sacando aire si una parte del pulmón se ha roto, como en los neumotórax. Este aire llega a un aparato que está a los pies de la incubadora y que tiene varias cámaras, algunas de ellas con un líquido que burbujea, con el que se aspira ese aire hasta que el pulmón cura.

— **Máquina de óxido nítrico:** algunos bebés necesitan una medicación inhalada, el óxido nítrico, que se acopla a los ventiladores mecánicos, para que ese gas entre mezclado con el aire y el oxígeno.

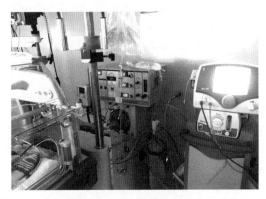

A la derecha, máquina de óxido nítrico; en el centro, ventilador de alta frecuencia.

— **Bolsa autoinflable:** cerca del bebé siempre hay una bolsa con una mascarilla que sirve para darle respiraciones manualmente. Esa bolsa es individual de cada bebé. La mascarilla se coloca en la boca y nariz del bebé; al apretarse la bolsa para meter el aire, vuelve a rellenarse sola. También se les llama «ambú» por una famosa marca. Si el bebé necesita conectarse a un ventilador, o tiene una apnea grave, etc., puede mantenerse su respiración temporalmente con este dispositivo.

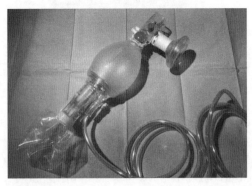

La bolsa autoinflable o «ambú» se conecta a una fuente de oxígeno, con ese tubo de la derecha.

Hay más aparatos, según las necesidades individuales de cada bebé. Que tenga tantas cosas encima, o solo algunas de ellas, no impide que podáis tocarlo o hablarle, incluso que podáis hacer el método canguro si así os lo indican. Dejaos aconsejar y preguntad al personal qué podéis hacer en cada momento.

En la unidad de neonatos, todos los aparatos y dispositivos están pensados para los recién nacidos y para todos los tipos de prematuros, debiendo tener diferentes tamaños para cada bebé. No debe ser lo mismo una sonda o un tubo endotraqueal para un bebé de 400-500 gramos que para un recién nacido a término de más de 5 kilogramos. Incluso en vuestro bebé prematuro, a medida que crezca, se deberá cambiar el tamaño de los dispositivos que le vayan haciendo falta.

Muchas de estas vías, sondas, etc., pueden lesionar la piel del bebé prematuro. Por eso, muchas veces se van cambiando de sitio en su piel, o al bebé se le colocan en la piel unos protectores para que tratar de evitarlo. El personal de enfermería consigue, con sus cuidados, que los bebés estén lo más confortables posibles y con el menor riesgo.

Cuidados centrados en el desarrollo

Os llamará la atención que, en la unidad, especialmente de noche, no hay casi luces. También es posible que notéis que las personas que trabajan en la unidad intenten hablar en un tono de voz bajo. La mejor forma de que el cerebro y los sentidos del bebé se desarrollen de forma correcta es cuidar el ambiente en el que está, como son la incubadora y la unidad neonatal.

En las incubadoras, se colocan unos paños para mantener a los bebés en semioscuridad, y a partir de determinadas semanas, se les alterna unas horas con el paño y otras horas sin él, para dar ciclos de luz y oscuridad, intentando parecerse a lo que le ocurriría dentro del útero de su madre. Las incubadoras, fuera de las horas de luz, se mantienen en penumbra, y solo se encienden los focos de las zonas concretas donde hacen falta, pudiendo regularse la intensidad de la luz.

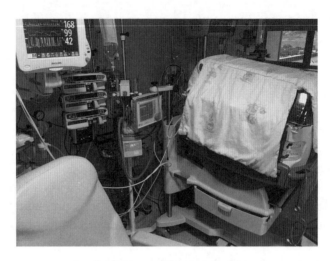

Incubadora con cubre-incubadora.

Algunas unidades tienen aparatos que miden de forma constante el nivel de decibelios en la unidad, y avisan con un código de color para que los profesionales bajen el nivel de ruido. Puede que veáis unas orejas con luces, que es uno de los más conocidos.

Medidor de la intensidad del ruido sobre una cuna térmica. Cuando los decibelios aumentan, se pasa del color verde al amarillo y luego al rojo. Permite, además, grabar estos datos durante todo el día, para saber cuándo hay más ruido.

También es muy importante respetar los ciclos de sueño y de vigilia de los prematuros y dejarles descansar. Se intentan agrupar los cuidados para hacerlos todos juntos en unos horarios determinados, salvo en casos de urgencias. Las enfermeras os dirán si es buen momento para estimular y manipular a vuestro bebé.

Dentro de las incubadoras, estarán contenidos en unos arrullos que simulan la forma del útero, para que lo toquen cuando se muevan y se sientan seguros y protegidos. Se mantiene en flexión, con los brazos en la zona central del cuerpo y las manos cerca de la boca para que puedan tocarse la cara o chuparse las manos. Como ellos, inicialmente, se mueven poco, se les realizan cambios posturales para evitar rigidez de sus músculos.

Otra cosa que os llamará la atención es que puede que veáis a padres y madres medio recostados en sillones al lado de las incubadoras, con sus bebés prematuros en el pecho, con muchos de los aparatos que tiene vuestro bebé, y que, sin embargo, no parece que a sus padres les agobie demasiado que los lleven. Pronto seréis vosotros los que tengáis así a vuestro bebé: es el método Canguro.

¿Quién es quién?

Muchos más importante que los aparatos son las personas que trabajan en la unidad. Su profesionalidad, y su elevada preparación tienen solo un objetivo: cuidar de vuestro bebé y de vosotros.

La unidad de neonatología es como una gran familia, y vosotros y vuestro prematuro pertenecéis a ella. No solo el bebé, vosotros formáis parte de ella, ya que os cuidarán también a padres y madres, y, poco a poco, iréis tomando un papel cada vez más importante en el cuidado de vuestro bebé.

Los prematuros salen adelante gracias a todos y cada uno de sus miembros. Todos tienen su importancia y a todos hay que agradecer el cuidado que se da. Esto no es labor de una sola persona. Los bebés salen adelante entre todos; la asistencia en neonatología es de 24 horas, todos los días del año, por lo que el trabajo es en equipo.

Al principio puede que no sepáis distinguir quién es quién; tendréis la sensación de que pasa mucha gente y que cada vez es distinta. Muchos de ellos van identificados en su ropa, o por colores; poco a poco los iréis conociendo a todos. Algunos padres al principio no entendéis que haya tantas personas distintas en el día a día. Vamos a explicarlo.

— **Enfermeras.** Los enfermeros o enfermeras de neonatología se dedican a cuidar a los bebés prematuros y a sus padres, a administrarles las medicaciones y la alimentación, y a controlar gran parte de los aparatos que los bebés llevan. Les cogen muchas vías e intentan que no tengan dolor y estén confortables. Son las personas que pasan más tiempo con los prematuros. Frecuentemente, tendréis las mejores respuestas a vuestras preguntas de boca de las enfermeras, ya que son las que cuidan durante más tiempo a vuestro bebé. Sin la dedicación que la enfermería pone en las unidades neonatales no podrían conseguirse los buenos resultados de muchos de los prematuros. Hay enfermeras especialistas en enfermería pediátrica y también es posible que haya enfermeras en formación o especializándose en enfermería pediátrica. Es frecuente que, coordinándolas, haya una jefa de enfermería.

— **Auxiliares de enfermería.** Las auxiliares de enfermería colaboran con la enfermería en realizar muchos de estos cuidados. También se encargan de preparar la leche que se les va a dar, de asear a los bebés, de tener los aparatos y sistemas preparados para usarlos, de limpiar las incubadoras, etc. Os pueden explicar cómo realizar muchos cuidados de vuestro bebé mientras permanece en la unidad de neonatos. Aprovechad todo lo que podáis de cómo tratan a vuestro bebé.

— **Neonatólogos.** Hay una serie de médicos y médicas, especialistas en pediatría, que posteriormente se especializaron más aún en recién nacidos, incluidos los prematuros. Estos son los neonatólogos. No solo se dedican a las enfermedades de los bebés, sino a su correcto desarrollo y cuidados.

Son los que atienden al bebé prematuro en el parto y lo trasladan a la unidad. Deciden el plan de cuidados, qué le está pasado al prematuro, qué pruebas son necesarias y cuál es el tratamiento más indicado. Os informan de las posibilidades diagnósticas y del pronóstico de vuestro bebé. Las decisiones más complicadas sobre dar o retirar un tratamiento, así como cuándo es el momento del alta, y el seguimiento, deberéis acordarlas con ellos. En los hospitales que atienden a los prematuros más pequeños siempre hay al menos un neonatólogo las 24 horas del día. Durante la mañana hay más, pero cuando empieza la guardia (aproximadamente a partir de las 15:00 h), solo queda uno o dos.

Cada bebé quedará asignado a uno de ellos, aunque pronto veréis que vuestro bebé será visto al final por todo el equipo, día tras día. Que no os extrañe, las decisiones se suelen consensuar entre todos, aunque luego el neonatólogo responsable sea solo uno. Es muy humano que el día que esté de guardia el neonatólogo a cargo de vuestro bebé estéis más tranquilos, pero recordad que todos comparten las decisiones e informaciones sobre cada uno de los bebés.

Además de los neonatólogos hay residentes, que son médicos que se están especializando en cuidar a los recién nacidos para convertirse en pediatras; también puede haber ya pediatras especializándose en neonatos, para convertirse en neonatólogos. Es posible que en algunas informaciones sea el residente el médico que os informe.

— **Otros médicos.** Veréis a otros compañeros como los radiólogos, los oftalmólogos, los cirujanos pediátricos, etc. Los cardiólogos pediátricos son pediatras especializados en el corazón, y vendrán de vez en cuando a controlar cómo va el corazón de sus pequeños pacientes, especialmente una cosa llamada *ductus* (lo veremos después). Los radiólogos son los médicos especializados en las pruebas de imagen, y realizarán ecografías del abdomen o de la cabeza a los bebés. En cada vez más unidades, los propios neonatólogos hacen una valoración básica del corazón y de la cabeza de los bebés hasta que estos compañeros están disponibles.

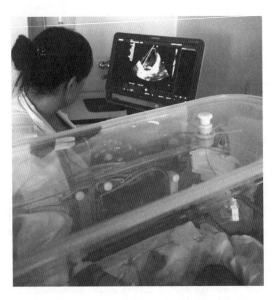

Cardióloga pediátrica examinando el corazón mediante ecografía.

Los oftalmólogos revisan el desarrollo de las retinas de los bebés más prematuros, mediante la exploración periódica del fondo del ojo. Los cirujanos pediátricos realizarán intervenciones si el bebé tiene alguna malformación que lo requiera o si aparecen algunas complicaciones graves, como la enterocolitis, o más leves, como las hernias inguinales. Los otorrinos comprobarán que la audición de los prematuros se ha desarrollado de forma adecuada, y detectarán los posibles problemas. Los analistas, microbiólogos y resto del personal de laboratorio analizarán la sangre, la orina o cualquier otra muestra del bebé si hace falta. A veces, otros pediatras especializados en el sistema nervioso, digestivo, en los riñones o en las hormonas, pueden intervenir si los neonatólogos les piden opinión.

— **Otros profesionales.** Las medicamentos especiales o la nutrición parenteral se preparará en la farmacia hospitalaria. En algunos hospitales se cuenta con nutricionistas, que intervienen en la alimentación del bebé; y psicólogos, que pueden ayudar a asimilar mejor las noticias y los problemas de vuestro bebé.

Los fisioterapeutas se encargan del tono y de la movilidad de los músculos de vuestro hijo. También está el trabajador social, que puede orientaros sobre las ayudas a las que tenéis derecho o para conseguir algún tipo de compensación por desplazamiento, discapacidad, etc.

Es muy frecuente, además, que se disponga de intérpretes de los idiomas más frecuente y del servicio de un sacerdote. En ocasiones pedís bautizar a vuestro bebé o realizar otro rito religioso. Siempre que no interfiera con el trabajo de la unidad, debe ser posible hacerlo. Las limpiadoras de la unidad son clave en que todo esté lo más limpio posible, y que un puesto pueda ser ocupado rápidamente por un nuevo bebé cuando se da un alta o un bebé se traslada a otra zona de la unidad.

Y no olvidéis a los obstetras: puede que necesitéis volver a consultarles por la recuperación tras el parto o por algún trastorno en los días posteriores. Además de estos, también hay a veces, estudiantes de medicina o de enfermería.

En muchos hospitales hay asesoras de lactancia materna que ayudan a los padres y madres en la alimentación, los orientan sobre la forma en que deben darla y les ayudan a superar las dificultades que surgen. También es posible que en tu ciudad haya alguna asociación de padres de bebés prematuros, que os puede servir de gran ayuda, porque son como vosotros, han pasado por lo mismo y tienen respuesta y orientación para muchas de las dudas que surgen o surgirán. En algunas ciudades, las reuniones se hacen cerca de la unidad neonatal.

Aunque os parezcan muchos, acabaréis conociendo a sus médicos, a su enfermeras y a esas personas que os ayudaron en los peores momentos.

Por la noche, cuando el resto del mundo duerme, en la unidad se sigue trabajando. Siempre está abierta. Siempre hay personas controlando a los bebés ingresados y pendientes de los que pueden llegar.

— **Los más importantes**. Por último, he dejado a las personas más importantes de la unidad, después de los bebés: vosotros, sus padres y madres.

¿Cómo se alimentará?

La nutrición es fundamental para el bebé prematuro, tanto para seguir desarrollándose de forma correcta como para que todas las funciones corporales sigan adelante. Una nutrición inadecuada, aunque aparentemente el bebé gane peso sin grandes problemas, podrá influir mucho en su futuro, especialmente en su evolución neurológica. Hace muchos años, los bebés prematuros estaban frecuentemente desnutridos, con retraso en el crecimiento desde que nacían y con mala mineralización de sus huesos. Esto hoy en día se intenta que no suceda, y la nutrición ha pasado a ser una de las preocupaciones más importantes en el cuidado neonatal. Los prematuros son las personas que más calorías al día necesitan para crecer.

Inicialmente, el intestino de los bebés prematuros es inmaduro y no puede recibir una alimentación completa directamente a través de su estómago e intestino. Pero eso no quiere decir que desde las primeras horas no pueda tomar el calostro de su madre o leche materna donada, en pequeñas cantidades, para que el intestino vaya madurando más y mejor. Esas pequeñas cantidades de leche materna estimulan la producción de hormonas, que hacen que el intestino madure más rápido. Esa es la llamada nutrición enteral trófica. Mientras se va avanzando en la cantidad de leche que se les va dando, se nutren de forma completa con unos sueros especiales llamados nutrición parenteral, es decir, nutrición directamente a la sangre, sin pasar por el tubo digestivo. Muchas veces veréis una bomba conectada a una bolsa con un contenido blanquecino, que se introduce en una vena de vuestro bebé por un catéter (mejor una vía central para poder darle todas las calorías y nutrientes necesarios). Esta bolsa contiene todo lo que el bebé absorbería de una comida (azúcares, grasas, proteínas, vitaminas, minerales, etc.) tras pasar por la boca, el estómago y el intestino, pero en lugar de hacer eso, se le introduce directamente en la sangre de forma continua. Los neonatólogos calculan cada día qué cantidad de nutrición parenteral hay que dar y cuál debe ser su composición.

Algunas veces no está claro, en determinadas edades gestacionales, si necesitará nutrición parenteral o no, y mientras se decide, el líquido que se administra es una solución con azúcares y proteínas, necesarias para que el cuerpo del prematuro empiece a nutrirse.

Otro problema es que hasta las semanas 32-34 semanas de edad postconcepcional, no suelen coordinar bien la succión con la deglución; o que la cantidad de energía necesaria para que tomen por la boca no es tolerable (se gasta mucha energía en chupar y tragar). En ocasiones, no se toleran las pausas respiratorias que un bebé tiene que hacer para tragar (si uno respira y traga al mismo tiempo, se atraganta), por lo que la cantidad de leche que se da por boca, inicialmente se hace directamente al estómago con una sonda de alimentación. Poco a poco, se va consiguiendo esta coordinación de la succión con la deglución, y pasando los días y las semanas, se intentan las tomas por boca.

Para ayudar a la coordinación de la succión con la deglución, a los bebés prematuros se les pone un pequeño chupete o tetina para que vayan succionando y tragando mientras reciben la alimentación por sonda o por otra vía. Es la llamada succión no nutritiva, que favorecerá las tomas por boca posteriormente.

Así, se va aumentando la cantidad de leche (alimentación enteral, por sonda, por boca o directamente al pecho) mientras que se va reduciendo la cantidad de nutrición parenteral, hasta dejarla atrás definitivamente. Al principio comerán muy mal por boca, incluso dejarán de respirar en alguna ocasión (eso se llama apnea), pero día a día apreciaréis sus avances.

La forma mejor de dar la alimentación por sonda es de forma discontinua, es decir, darla durante un tiempo y dejando pasar otro tiempo sin administrar la leche, como pasa con el resto de personas, pero puede haber situaciones en las que se dé la leche de forma continua (esto se llama nutrición enteral a débito continuo o NEDC).

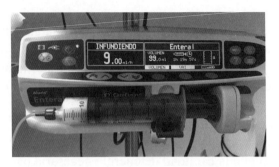

*La bomba de leche se programa para pasar la cantidad
de cada toma en un tiempo determinado.*

Las sondas y vías no duelen, solo en el momento de colocarlas. No son enemigos del bebé, sino que están para ayudarle, aunque día a día hay que pensar si son realmente necesarias, porque, como veremos más adelante, también pueden asociar problemas. Nada es gratis, todo tiene un precio.

Las vías en venas periféricas (superficiales) solo admitirán un ritmo determinado y una concentración del alimento limitados; las vías centrales o los epicutáneos permiten dar nutriciones con todas las calorías que un bebé necesita.

La mejor leche que puede tomar un prematuro es la leche de su propia madre. Esto es algo a día de hoy fuera de toda duda. No es algo opcional, ya que es como un medicamento, y de los más importantes. Ayudará a vuestro bebé en muchos aspectos: desde hacer que el intestino madure más rápidamente hasta evitar infecciones. Por ello, es conveniente extraerse desde el principio el calostro, porque se usará como alimentación trófica. Las bacterias de la leche materna, además, competirán por tener un sitio en el intestino del bebé y lo protegerán contra otros gérmenes del entorno, que son más agresivos.

Pedid ayuda a las enfermeras de la unidad de neonatos y a las de maternidad. En la unidad de neonatos os explicarán cómo extraerla y conservarla. En cuanto la madre pueda, en las primeras horas, es conveniente que se vaya extrayendo calostro y lo traiga a la unidad. En poco tiempo seréis expertos en las formas de extraerla y conservar la leche materna.

En muchos casos, el bebé también puede ponerse directamente al pecho; os lo indicarán en la unidad. Aunque lleve muchos aparatos, se podrá hacer. Eso sí, inicialmente puede que se canse fácilmente y que necesite hacer muchas pausas.

Si teníais pensado no dar el pecho, es conveniente intentar dárselo al menos durante las primeras semanas de vida. Se trata de disminuir todos los riesgos conocidos, y la leche de la propia madre es más que un alimento.

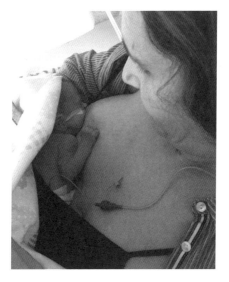

Eva agarrándose al pecho de su madre.

Si no es posible darle leche de su madre, cada vez en más hospitales se dispone de bancos de leche materna para dar leche de otras madres (convenientemente tratada y analizada) a los bebés más prematuros.

Si no se dispone de ella se le dará una fórmula de leche artificial modificada, llamada leche de prematuros, que tiene más calcio, fósforo, calorías y proteínas que la leche de los bebés que nacen a término.

Llegados a un punto, si toma leche materna, veréis que se le añade un polvo, un fortificador, para darle un poco más de calcio, fósforo y proteínas, debido a que el crecimiento de los bebés prematuros necesita más de esas sustancias de lo que la leche materna aporta.

El método Canguro

El método Canguro consiste en colocar al bebé sobre el pecho desnudo de la madre o del padre. Además de fomentar un contacto psicológico con el bebé, de forma que os vinculéis antes con él, sirve para que el bebé esté más estable, se alimente mejor, se favorezca la lactancia materna, gane más peso e, incluso, se vaya antes de alta. Es una forma excelente de estimular su desarrollo neurológico y psicomotor.

Se coloca al prematuro en posición de rana, con el abdomen sobre el pecho de uno de los padres, y la cabeza girada hacia un lado. Así, podrá miraros directamente a la cara. El bebé debe estar desnudo, solo con un pañal. Se le puede colocar un gorro y una manta en la espalda, o bien, meterlo entre la ropa del progenitor, por eso se os pedirá que traigáis ropa que se abra fácilmente por delante. Lo podréis hacer en un sillón al lado de su puesto de la unidad neonatal.

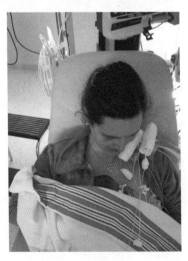

El Canguro puede hacerse incluso estando conectado al respirador. Eva.

El contacto piel con piel debe hacerse el mayor tiempo posible, esto hace que los padres y madres os sintáis como los principales cuidadores del bebé, y que tengáis menos ansiedad, más seguridad. Se recomienda que la duración mínima sea de una hora.

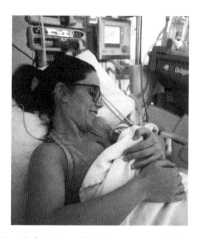

Mamá de Manuel, 26 semanas, 650 gramos.

El perfume interfiere con uno de los sentidos más desarrollados del bebé, el olfato. Evitad llevarlo cuando estéis en la unidad, y mucho menos mientras hacéis el método canguro.

Si el padre hace el canguro, que debería, no es aconsejable que se depile el pecho. Solamente hay que hacer una ducha diaria y nada más.

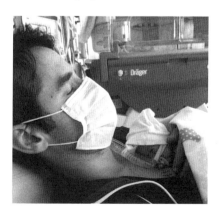

Eva y su papá.

¿Podremos estar todo el día con el bebé?

Cada unidad de neonatos puede tener normas diferentes respecto a los padres y madres, pero la tendencia actual es la de favorecer las puertas abiertas, es decir, que los padres y madres podáis entrar sin restricción de horarios.

El resto de familiares tendrán horarios de visitas diferentes, incluso en algunas unidades pueden entrar los hermanos y abuelos. Esto es muy importante para que los hermanos no sientan al bebé como algo extraño que no han visto nunca. Cuando alguno de vosotros, o algún familiar, tenga alguna enfermedad infecciosa, aunque sea un resfriado, debe decirlo al personal para intentar minimizar el riesgo de contagio. Lo ideal sería esperar a pasar esa enfermedad o usar medios de barrera (como mascarillas).

Los padres pasan muchas horas al lado de la incubadora, con sus hijos.

Para el resto de la familia o amigos, realizar una foto y compartirla con los seres queridos puede ser más importante que acudir al hospital.

¿Cuándo ha pasado el peligro?

Una gran cantidad de padres y madres preguntan si el peligro ha pasado ya, si tras las primeras 24 o 48 horas el bebé está bien. Es cierto que en esas horas suele haber desafíos importantes, y que la mayoría de los bebés prematuros que fallecen lo hacen en esos primeros momentos, pero no es cierto que esto sea un tema de horarios. Hay problemas muy graves que no aparecen en las primeras 48 horas, incluso algunos no se detectan hasta pasado un mes o más de vida.

Vamos a explicarlo como si fuera la carrera de un corredor de fondo. Imaginad que vuestro bebé es como un corredor de una maratón, que son algo más de 42 kilómetros (veremos más adelante que vuestro bebé también tiene como objetivo llegar a las 40 semanas de edad postconcepcional), y que vosotros corréis a su lado animándolo. El día del parto acaba de salir, está en el kilómetro 0; puede incluso que la salida haya sido mala, que se haya tropezado o caído, que tenga que apoyarse en otros para andar solo unos metros. No desesperéis, aunque es una carrera, no dan ningún premio por ser los primeros. Solo hay que llegar.

Es una carrera muy larga, y es cierto que la salida que se haga, el inicio de la carrera, es muy importante. Pero no es solo ese momento. La carrera será larga y puede que, a mitad del recorrido, cuando uno ya cree que lo peor ha pasado, haya una cuesta arriba, y que penséis en abandonar; puede que no llevéis las mejores zapatillas y que haya kilómetros en los que os gustaría parar, quitároslas y estirar las piernas; habrá baches que ninguno tenía en consideración, y que puede que tuerzan un tobillo de vuestro bebé o de vosotros mismos. Iréis corriendo siempre con miedo, sabiendo que algunos corredores paran por una pájara en cualquier momento. Si otros padres y bebés van más rápido y llegan a la meta antes, puede que os alegréis o que os sintáis tristes porque vosotros ni siquiera habéis visto ni la meta. Si otros corredores dejan la carrera, puede que creáis que vosotros seréis los siguientes.

Las carreras largas son así, una mezcla de preparación, fortaleza y, especialmente, de capacidad para superar las dificultades.

Los problemas no son cosas del primer y segundo día. En cada metro, en cada kilómetro, puede haber agua que os haga resbalar, un sonido que os desconcentre, incluso puede que lleguéis a parar en algún momento para tomar aire; y os pueden asaltar dudas de qué sentido tiene correr tanto, o para qué.

A veces, tras superar el bebé sus problemas, vosotros seguís tristes, sin ganas de correr. No dormís, no queréis comer, estáis siempre de mal humor, etc.

No estáis solos. Corremos con vosotros. Entre todos llegaremos a la meta.

¿Cuáles son los problemas que puede tener?

Los problemas que un bebé prematuro puede tener son muchos, ya que hay distintos tipos de prematuros y cada caso es diferente. Los síntomas que estos problemas dan, al contrario, son muy pocos, muy parecidos, y, a veces, poco llamativos: apneas, mala tolerancia a la alimentación, poca actividad, etc. Para complicarlo un poco más, muchos de estos síntomas pueden ser parte de procesos normales de los prematuros.

Por eso, uniendo los síntomas a la edad gestacional, el peso, los días de vida, los antecedentes y el análisis de algunas pruebas, los neonatólogos llegan a pensar en unas enfermedades o en otras.

En general, a menor edad gestacional, mayor cantidad de problemas y más frecuentes. Un bebé de 23-24 semanas probablemente tenga varias enfermedades y uno de 35 semanas puede que ninguna. Un dato a saber es que hay problemas importantes que no suelen dar síntomas al principio (por ejemplo, los problemas en las retinas de los bebés o algunas lesiones cerebrales), por lo que hay que buscarlos de forma rutinaria, aunque todo marche aparentemente bien.

En general, los problemas respiratorios son los más importantes al principio, porque si un bebé no respira bien, evidentemente, esto afecta a todo el prematuro. Pero hay otros problemas, como la inmadurez del tubo digestivo, del cerebro, etc., que también son retos para el bebé. Vamos a describir algunos de los más frecuentes.

• **Problemas respiratorios.** Los más frecuentes son los siguientes, y es posible tener varios de ellos mezclados a la vez.

— **Síndrome del distrés respiratorio.** Los pulmones de los bebés prematuros no fabrican bien una sustancia llamada surfactante, que es la que hace que estén bien abiertos, y que así se intercambie bien el oxígeno (para nutrir sus células) y salga hacia fuera el dióxido de carbono (producto residual del trabajo de todas las células del cuerpo). Esto provoca que el bebé respire muy rápido, marcando las costillas (tira de ellas con los músculos para respirar mejor), mueva las aletas de la nariz (para agrandar la entrada del aire) y tenga un quejido al respirar, porque intenta no echar el aire al final de la respiración, y así mantener abiertos los pulmones (el quejido sucede porque, al final, el aire sale contra la glotis casi cerrada del bebé). Vamos a entenderlo mejor: imaginad que los pulmones de los bebés, al nacer, tienen que abrirse y mantenerse abiertos. Cuando nosotros soplamos para hinchar un globo, nos cuesta mucho la parte inicial, pero una vez que ya se llena un poco de aire, nos cuesta menos meter más aire. Los prematuros que tienen déficit de surfactante necesitan hacer en cada respiración el esfuerzo inicial de hinchar sus pulmones, porque no logran dejarlos abiertos de respiración en respiración. Por eso no intercambian bien los gases y se cansan muy pronto del tremendo esfuerzo.

Esta enfermedad se llama síndrome del distrés respiratorio[3] o enfermedad de la membrana hialina. Cuanto más pequeño es en semanas, más fácil es que la presente.

A las madres, antes del parto, se les ponen varias inyecciones de corticoides para que los pulmones de los bebés maduren más rápido y fabriquen más surfactante antes del parto, pero son necesarias varias horas para que el tratamiento sea lo más eficaz posible. En muchas ocasiones solo da tiempo a poner una dosis.

Si el bebé tiene síndrome del distrés respiratorio, se le trata con oxígeno, con presión por la nariz (la máquina de CPAP[4], para

---

3. Afecta al 52% de los menores de 1.500 gramos, siendo más frecuente en menores o iguales de 25 semanas (más del 80% lo presentan).
4. Hasta un 44% de los menores de 1.500 gramos solo precisan CPAP nasal. Otro 30% precisará ventilación convencional.

mantener abiertos los pulmones) o con un tubo que lleva la ayuda para respirar a la tráquea (un tubo endotraqueal conectado a un ventilador mecánico). En muchos de los casos, se les da surfactante artificial[5], un medicamento que suple la poca producción del bebé. Hay diferentes tipos de surfactante y diferentes formas de administrarlo. Actualmente se tiende a colocar una pequeña sonda en la tráquea, que se retira después, sin necesidad de colocar un tubo endotraqueal para administrarlo, aunque dependerá de las condiciones en las que esté el prematuro. Con el surfactante, los pulmones se abren más y mejoran su funcionamiento. A veces, pasadas unas horas, es necesario repetir la dosis de surfactante. Con el empleo de surfactante, un menor número de niños necesita ventiladores mecánicos y los que sí los necesitan, los llevan durante menos tiempo.

Muchos bebés prematuros pueden tener una infección de sus pulmones al nacimiento, siendo indistinguible en las primeras horas de una inmadurez pulmonar, por lo que necesitan tratarse las dos cosas; además, es fácil que se den realmente las dos situaciones a la vez.

— **Pausas de apnea.** Muchos bebés prematuros hacen pausas respiratorias, de más de veinte segundos, o incluso de menos, pero en las que les baja también las pulsaciones del corazón o el oxígeno en sangre, volviéndose el color de la piel más azulado. Esto es muy frecuente, son las llamadas pausas de apnea[6].

Os asustaréis mucho la primera vez que vuestro bebé haga una pausa de apnea, porque las alarmas de los monitores empiezan a pitar y puede que veáis que no mueve el pecho para respirar. Muchas veces es un problema de inmadurez del centro cerebral que determina la respiración: se llaman *apneas de la prematuridad*. Estimulando al bebé, acariciándolo o con vibraciones de la incubadora, vuelve a respirar. Se pueden tratar además con cafeína, que es un estimulante. La dosis equivale aproximadamente a la que hay en tres tazas de café de un adulto. En muchos hospitales

---

5. Un 43% de los menores de 1.500 gramos reciben surfactante. En menores o iguales a 25 semanas, más del 80%.
6. Más de un 30% de menores de 1.500 gramos tienen pausas de apnea.

se pone cafeína desde el nacimiento, porque también es buena a largo plazo para otros aspectos del desarrollo del bebé. Si no funciona, se suele colocar una CPAP o si no se controlan, se conecta el prematuro a ventilación mecánica.

En ocasiones habrá que investigar si las pausas de apnea se deben a otros problemas (infecciones, hemorragias cerebrales, etc.), o si se vuelven más frecuentes o resistentes al tratamiento. Pasadas las semanas, cuando llegan en torno a las 34 semanas de edad postconcepcional, empiezan a desaparecer. Además de la cafeína, veréis que se recoloca la cabeza del bebé, o la CPAP, porque también se producen si el cuello del bebé se le dobla demasiado o la mascarilla de la CPAP se obstruye.

Pero no todo son pausas de apnea. Muchos bebés tienen respiraciones irregulares, con pausas cortas de la respiración, sin afectación de la frecuencia cardiaca ni de la saturación de oxígeno, y no tienen importancia.

— **Taquipnea transitoria.** Antes del nacimiento, el pulmón del bebé está lleno de líquido. Ese líquido es fundamental para que el pulmón crezca y se desarrolle; durante las contracciones del útero, el bebé lo va reabsorbiendo para dejar pasar posteriormente al aire cuando empiece a llorar. En ocasiones, por un parto rápido o por una cesárea, el prematuro no ha evacuado todo el líquido que tenía dentro, y esto le provoca dificultad respiratoria al nacer. A esta situación se le llama de muchas formas: taquipnea transitoria, pulmón húmedo, etc. En poco tiempo mejora de forma clara y es cuando se sospecha que puede ser eso y no otra cosa. Aparece en bebés más cerca de la edad gestacional a término, aunque también en prematuros. El tratamiento inicial es parecido: oxígeno, CPAP, etc.

— **Fugas aéreas.** Ya he comentado que los bebés prematuros tienen más cerrados los pulmones por falta de la sustancia llamada surfactante. Lo que se cierra realmente son millones de sacos diminutos, llamados alvéolos, que están en las zonas más lejanas del pulmón, que es donde se intercambian los gases. Hay zonas más cerradas y otras más abiertas. Debido a esto, o a los propios tratamientos, algunas de estas zonas se pueden llegar a romper. De esta forma, el aire pasa a una capa que recubre a los pulmones por fuera y los va apretando, hasta cerrarlos. Eso es lo que se llama neumotórax[7]. El bebé empeora respiratoriamente, y necesita que le saquen ese aire que está fuera de sitio, para que no se acumule, hasta que la brechita del pulmón cure. Por eso, en los neumotórax, se coloca un catéter en el pecho del prematuro que aspira ese aire que se ha salido del pulmón, de forma continua, hasta que el bebé se recupera. Eso es el drenaje torácico. En algunas ocasiones, si la fuga es muy pequeña, se puede esperar sin hacer nada, pero en otras, además del drenaje, se ventila al bebé con un respirador en la modalidad alta frecuencia (aquella en la que respiraba muy rápido y en la que su cuerpo vibraba mucho).

Otras veces la fuga de aire no es hacia la parte externa del pulmón, sino que se cuela por donde van los vasos sanguíneos dentro del pulmón, llamándose *neumomediastino*. También, puede quedar en el resto de los tejidos pulmonares, y se llama *enfisema intersticial*. Vuestros neonatólogos os comentarán los posibles tratamientos.

— **Displasia broncopulmonar**. Pasados los días, vuestro bebé va mejorando, pero aún necesita oxígeno en gafas nasales o en alto flujo. Incluso puede que al principio no necesitara oxígeno extra, pero que poco a poco, necesiten darle una pequeña cantidad[8]. El aire ambiente que respiramos tiene veintiún partes de oxígeno por cada 100. Hay bebés que necesitan tan solo veintidós partes, porque con veintiuna no mantienen bien el oxígeno en sangre. Los neonatólogos dicen que «tiene la saturación baja». A esta circunstancia, que se da a partir del mes de vida, se le llama displasia broncopulmonar. Los pulmones son más rígidos y gruesos porque están inflamados; las vías respiratorias son más estrechas, como en los niños con asma. La inmadurez del pulmón, que se desarrolla con estímulos negativos fuera del útero, y los propios tratamientos, como el

---

7. Lo presentan el 4,5% de los menores de 1.500 gramos.
8. Afecta a más del 30% de los menores de 1.500 gramos; y a más del 60% de los menores de 28 semanas.

oxígeno o la ventilación mecánica, van dañando al pulmón, que se inflama y se manifiesta con más necesidad de oxígeno, dificultad respiratoria y necesidad de ayuda, incluso con CPAP o más. En algunos casos, a la larga, el corazón puede verse afectado también.

El tratamiento más importante es evitar que suceda, con un manejo exquisito de las ayudas para respirar, el uso racional del oxígeno, no dar más líquidos de los necesarios, etc. Una nutrición adecuada, con suficientes calorías, también es muy importante. Los fármacos para tratar la displasia no son milagrosos, y van desde diuréticos hasta corticoides si la displasia es grave. Muchos bebés prematuros, al alta de la unidad, aún necesitan esa ayuda de un poquito más de oxígeno y precisan ir a casa con él. Con el tiempo, y un control adecuado, superarán la displasia broncopulmonar. La mayoría de los que van a casa con oxígeno extra dejan de necesitarlo en los primeros meses.

Hoy en día está cada vez más claro que acontecimientos ocurridos en el útero, antes del parto, como la infección del líquido amniótico, pueden marcar el desarrollo de una futura displasia pese al manejo posterior en la unidad neonatal.

Puede que en un momento dado os propongan administrar corticoides a vuestro bebé para mejorar su displasia. Tendréis que decidir si hacerlo o no, ya que hace años tenían ciertos riesgos, si bien a las dosis actuales y en el momento en el que se ponen, son muy diferentes. Los neonatólogos os informarán si es necesario.

En todas estas enfermedades respiratorias veis que los métodos de ayuda son parecidos. Vuestro bebé puede que pase por varios de ellos durante el mismo problema. Vamos a verlos.

— **Tratamientos. Oxígeno en incubadora:** se introduce oxígeno dentro de la incubadora para que la concentración que respire sea mayor del 21% (el oxígeno normal en el ambiente). **Gafas nasales:** mediante un tubito con unas cánulas que se ponen en la nariz, se da una mezcla continua de oxígeno, idealmente calentado y humidificado. **Gafas nasales de alto flujo:** parecidas a las anteriores, permiten dar oxígeno y presión de forma independiente.

CPAP nasal: significa presión positiva continua en la vía aérea. Se le da una presión continua a la vía aérea del bebé, mediante unas mascarillas o unas cánulas, permitiendo que el pulmón se mantenga con suficiente aire. También se puede dar con un tubo endotraqueal. Necesita que el bebé respire por sí mismo. **Ventilación mecánica:** con la ayuda de un tubo endotraqueal, que se introduce por la boca o nariz hasta la tráquea, se lleva oxígeno y/o presión a los pulmones. Tiene diferentes modalidades, desde las que sustituyen en todo a la respiración del bebé, a aquellas en las que la máquina le va ayudando en función de la fuerza que el prematuro tiene, es decir, coordinándose con las respiraciones del bebé. Los parámetros de la máquina se van ajustando en función de la situación. Muchas veces el ventilador avisa cuando detecta algún problema, pitando una alarma. El propio respirador suele tener una pantalla donde también expresa lo que mide en el pulmón del bebé: cómo de elástico es, cuánto cuesta meter el aire, cuánto respira el bebé por sí mismo, etc.

• **Problemas digestivos**

— **Pérdida de peso.** Todos los prematuros pierden peso durante los primeros días de vida. Muchos de ellos pierden hasta un 10-15% de su peso inicial, para luego empezar a recuperarlo, de forma que a las dos semanas de vida suelen pesar lo mismo que al nacimiento. La pérdida o ganancia de peso debéis valorarla en varios días, ya que a veces el peso no es exacto. La ganancia de peso adecuada se cree que debe ser de 20 gramos al día. Una gran pérdida de peso se asocia a problemas internos del bebé, como aumento del sodio, acidosis, etc. Las incubadoras, con el calor y la humedad, intentan compensar las pérdidas de líquidos.

— **Mala tolerancia digestiva.** Ya vimos que el intestino de los bebés prematuros no está preparado para recibir toda la alimentación necesaria para crecer, tomando por boca o sonda, lo que hace necesario darle la alimentación por la vena (parenteral). Uno de los problemas más frecuentes es la mala tolerancia digestiva, con episodios de distensión abdominal o de vómitos, que harán que los médicos que lo atiendan sospechen si es solo eso o es el inicio de una infección o de un problema en la vitalidad del intestino. En ocasiones, el meconio, la primera deposición de cualquier bebé, forma un tapón dentro del intestino y es necesario quitarlo para que el tolere bien la comida.

— **Enterocolitis necrotizante**. Por motivos poco conocidos, partes del intestino pierden la vitalidad y mueren. Se trata de una enfermedad muy grave llamada enterocolitis necrotizante[9], que suele darse pasada la primera semana de vida y si hay datos de sospecha, es frecuente que se deje al bebé sin comida en el intestino, que se le ponga una sonda para vaciar el estómago e intestino, antibióticos y, en determinados casos, que se intente una intervención quirúrgica para resecar los trayectos de intestino destruidos. En ocasiones se asocia a una infección, e incluso a veces no se sabe cuál de las dos cosas pasó en primer lugar. Por eso al bebé le harán radiografías, ecografías y análisis de sangre con frecuencia. Los síntomas van desde vómitos, distensión abdominal o emisión de sangre en las heces hasta empeoramiento general y brusco y fallo de distintos órganos. Dentro de los factores favorecedores están las infecciones y la falta de riego sanguíneo al intestino (por ejemplo, en la asfixia, en las bajadas de la tensión arterial, etc.).

El uso de la nutrición parenteral, la leche materna, la alimentación trófica, la administración de unas bacterias protectoras (probióticos) y limitar el uso de antibióticos, entre otros, evita gran parte de los casos. Si se ha tenido que quitar mucho intestino, quedando corto, necesitará más apoyo nutricional para conseguir crecer de forma adecuada.

Otras veces, sucede una perforación puntual del intestino[10], y también precisa de tratamientos similares.

— **Enfermedad por reflujo gastroesofágico**. Algunos bebés tienen problemas con la leche, les sube desde el estómago a la boca, y la vomitan frecuentemente o les llega a los pulmones y les

---

9. Afecta a algo más del 7% de menores de 1.500 gramos; a más del 16% de menores de 24-25 semanas.
10. Afecta al 2% de los menores de 1.500 gramos.

produce síntomas respiratorios. Los bebés, además, tienen dolor, y dejan de ganar peso. Si se sospecha, vuestro neonatólogo os explicará qué pruebas y tratamientos son necesarios.

- **Problemas infecciosos**
  — **Infecciones verticales.** Si el prematuro nace en mal estado o hay sospecha de que el parto se haya precipitado por una infección en el líquido amniótico que rodeaba al bebé en el útero, es posible que reciba antibióticos hasta que se confirme o descarte dicha infección. Ya vimos que los casos de síndrome de dificultad respiratoria son indistinguibles al principio de infecciones generalizadas, y es posible que en esos casos también reciba antibióticos.

Estas infecciones iniciales se llaman verticales[11], y están muy relacionadas con gérmenes de la vagina o el recto de la madre, como la *Escherichia coli* (el que produce infecciones de orina) o el EGB (Estreptococo agalactie, que se busca con la prueba de los bastoncillos vaginales y rectales, pero en muchos partos prematuros o aún no se ha recogido o no tenemos el resultado).

— **Infecciones nosocomiales.** Pasada la primera o segunda semana, de repente, el bebé puede empeorar bruscamente, o poco a poco, con síntomas inespecíficos como apneas, mala tolerancia a la alimentación, falta de actividad, etc. A estas infecciones posteriores se les llaman sepsis nosocomiales[12] o relacionadas con la hospitalización. Acordaos de que esto es un carrera de fondo. El prematuro tiene mucha facilidad para que otras bacterias, que lo van colonizando desde que nace, puedan en un momento dado provocarle una verdadera infección.

Hay una serie de riesgos para tener una sepsis nosocomial. Como veréis, cuanto más pequeño y más ayuda necesite un prematuro, más riesgos. Estos factores son:

- La prematuridad: a más prematuro, más frecuentes. Tienen un sistema inmunológico más inmaduro y las defensas que reciben

---

11. Afecta al 4% de los menores de 1.500 gramos y al 8,8% de los prematuros de 25 semanas o menos.
12. Afectan al 24% de los menores de 1.500 gramos; a más de la mitad de los menores de 25 semanas.

por la placenta, de la madre, son en menor cantidad porque nacieron antes.

• El uso de vías venosas centrales: cuanto más tiempo necesite una vía central, más fácil es que se colonice de bacterias y desde ahí que provoquen una infección.

• El uso de antibióticos: el uso de antibióticos hace que solo las bacterias resistentes a ellos crezcan, y puedan provocar una infección. A veces son hongos los que aprovechan que las bacterias están en bajo número para atacar.

• El uso de algunos medicamentos como los antihistamínicos.

• El retraso en la introducción de la lactancia materna o el no usarla. No usar leche materna es un factor de riesgo, no solo para la enterocolitis necrotizante, sino también para tener infecciones hospitalarias o nosocomiales.

• El uso de un tubo endotraqueal y un ventilador aumenta el riesgo de producir una neumonía asociada a estos dispositivos.

Usar el menor tiempo posible las vías centrales, manejarlas de la forma más aséptica posible, iniciar precozmente la lactancia materna, limitar el uso de antibióticos, fomentar el lavado de manos o darle al bebé otras bacterias beneficiosas llamadas probióticos, pueden reducir la posibilidad de infecciones nosocomiales.

A veces, si se actúa demasiado tarde, una infección no se puede frenar con los antibióticos; pero dar antibióticos a todos no es la solución, ya que crean graves problemas. Es muy frecuente que los neonatólogos necesiten hacer pruebas para conocer si los síntomas que el bebé presenta se deben a una infección o bien a otros procesos.

Frecuentemente se retiran los catéteres o se inicia un tratamiento con antibióticos sin tener la seguridad de que es un cuadro infeccioso, hasta que pasadas unas horas o días, se puede confirmar con análisis de sangre, orina o líquido cefalorraquídeo que previamente se han obtenido. Las infecciones no siempre son generalizadas (sepsis), sino que están localizadas en diferentes zonas. En las meninges, las capas que rodean al cerebro, se llaman meningitis; en la orina, infecciones del tracto urinario; en los huesos, osteomielitis, etc.

Los antibióticos que se ponen intentan cubrir los gérmenes más frecuentes, según cada unidad de neonatos y las circunstancias de cada bebé. Si se obtiene el nombre y apellidos del germen concreto que ha producido la infección, estos antibióticos se pueden modificar; esto sirve también para saber cuánto tiempo es necesario para curar la infección (cada germen necesita un tiempo distinto).

En algunas ocasiones, pese a que todas las pruebas y el aspecto del bebé indican que hay una infección, no se logra conocer el germen, pero eso no significa que no la haya habido. En estos casos se habla de sepsis clínicas.

Los prematuros tienen un riesgo elevado de infecciones hospitalarias. Su piel, su entorno, las personas que los atienden, los aparatos, las visitas, etc., pueden ser la fuente de una infección. Por eso es tan importante lavarse las manos bien antes de tocar al bebé y después usar soluciones que las mantienen limpias. El personal de la unidad os dirá cómo debéis lavaros las manos y qué cosas os debéis quitar para tocar al bebé (relojes, pulseras, etc.) y si hay que usar una mascarilla o bata.

No todas las infecciones que suceden en los prematuros ingresados se deben a bacterias u hongos. También es posible que se contagien de virus, como el virus de la gripe, el del resfriado o el virus respiratorio sincitial, que pueden producirles un empeoramiento respiratorio importante, más estudios invasivos, retraso en el avance que se estaba teniendo en la alimentación, mayor riesgo de necesitar antibióticos si el cuadro no se aclara y, por tanto, más riesgo de otras infecciones asociadas.

Las infecciones no se deben al contacto con los padres y madres si guardáis las normas de higiene básicas.

— **Aislamiento**. En muchas unidades se buscan periódicamente bacterias resistentes a los antibióticos en las heces de los bebés (o en otras muestras); es bueno conocer si esos gérmenes están circulando porque necesitan tratamientos especiales. En esos casos, cuando un bebé parece que tiene una infección, se empiezan con otros antibióticos diferentes, a los que la bacteria no es resistente. Si vuestro bebé tiene alguna bacteria resistente en las heces, no significa que tenga una infección por esta bacteria, pero probablemente se extremen las medidas de contacto para evitar la contaminación de otros bebés por estos gérmenes.

• **Problemas de corazón y circulación**

— **Persistencia del ductus arterioso.** Antes del nacimiento, la sangre del bebé casi no pasaba por los pulmones porque el feto no los usa para recibir el oxígeno. El feto recibe el oxígeno y el alimento desde la placenta. Por tanto, la sangre, dentro del corazón, circula por sitios diferentes a por donde lo hará al nacer. Uno de esos cortocircuitos se llama ductus arterioso, y os sonará especialmente si vuestro bebé pesa menos de 1.500 gramos. Este ductus hace que la sangre del corazón no vaya a los pulmones y que vuelva al resto del cuerpo, que es lo normal antes de nacer. Al nacer, cuando los bebés lloran, se cierra ese conducto y la sangre va hacia los pulmones, ya que ahora es allí donde recibirá el oxígeno.

Pero los prematuros no están preparados para cerrar el ductus, y parte de la sangre que va al resto del cuerpo, por el camino normal, vuelve al corazón y pulmones por el ductus, que está abierto. A este problema se le llama persistencia del ductus arterioso[13].

Poco a poco, los pulmones y el corazón se van deteriorando porque les llega más sangre en cada latido y empiecen a no funcionar bien. Cuando pasa esto, el ductus se llama significativo y el cardiólogo pediátrico determinará si es preciso cerrarlo con medicamentos o, incluso, si es necesario operar al bebé para cerrarlo y que no de problemas. Bajo determinada edad gestacional o peso, se suele buscar si el ductus está abierto de forma rutinaria mediante una ecografía del corazón. En otros casos, solo si hay sospecha.

— **Hipotensión.** Muchos prematuros no mantienen bien la tensión en sus arterias, por diferentes motivos (infecciones, asfixia, etc.), y necesitan líquidos y unos medicamentos llamados drogas vasoactivas, que infundidos desde un gran vaso (una vía central), suben la tensión. Es la llamada hipotensión. Mantener la

---

13. Afecta al 27% de los menores de 1.500 gramos y a más de la mitad de los menores de 28 semanas.

tensión en niveles adecuados y sin grandes fluctuaciones previene lesiones cerebrales.

— **Hipertensión pulmonar.** En el útero, el feto no lleva la sangre a los pulmones porque no la usa allí. La arteria que lleva la sangre del corazón a los pulmones se llama arteria pulmonar, y está a una presión elevada para que la sangre tenga más fácil ir por el ductus en vez de por ahí. Cuando un niño a término nace y llora, la arteria pulmonar se relaja mucho y la sangre va hacia los pulmones. Hay muchas situaciones en las que un bebé prematuro no consigue reducir esa presión en la arteria pulmonar al nacer, o le vuelve a subir por otros estímulos (infecciones, hipotermia, hipoglucemia, etc.). A esta situación se le llama hipertensión pulmonar. Esto hace que, por ejemplo, si se consigue abrir bien el pulmón con el ventilador, tampoco sirva para respirar bien, ya que no les llega a los pulmones la sangre necesaria para recibir el oxígeno. En casos de hipertensión pulmonar importante, se puede usar una medicación inhalada llamada óxido nítrico, que consigue llegar a los pequeños vasos pulmonares y los dilata, bajando la presión. Además, también hay medicamentos que ayudan a bajar esta tensión pulmonar. Los bebés que se van a casa con oxígeno por displasia broncopulmonar también pueden desarrollar hipertensión pulmonar a largo plazo.

• **Problemas neurológicos**

Las dudas sobre el desarrollo neurológico de vuestro bebé a largo plazo son muy frecuentes; por eso es fundamental hacer un seguimiento para valorar si el desarrollo es correcto y estimular todas las potencialidades del prematuro.

Pero los problemas neurológicos más inmediatos que el prematuro puede tener, y que hay que sospechar y buscar, son tres, en resumen: las hemorragias cerebrales intraventriculares, la leucomalacia periventricular y las crisis convulsivas.

— **Hemorragia cerebral intraventricular (HIV).** Dentro del cerebro hay dos zonas, una a la derecha y otra a la izquierda, que son pequeñas cisternas que contienen un líquido, el líquido cefalorraquídeo. Esas cisternas, los ventrículos laterales, están tapizados por una capa de células y vasos sanguíneos muy débiles, que sangran fácilmente.

Las hemorragias cerebrales intraventriculares se suelen producir en la primera semana de vida, pero también pueden pasar después de algún acontecimiento grave (hipotensión, hipertensión, neumotórax, etc.). El cerebro de los bebés prematuros no regula bien su flujo sanguíneo y cambios en la tensión de la sangre le afectan más. Aun así, también hay casos en los que no se sabe por qué pasó. Si el sangrado es leve, y queda limitado a esa capa de células tan débiles, se llama tipo I; si el sangrado sale al interior de los ventrículos se llama tipo II; si el sangrado llega a dilatar esos ventrículos se llama tipo III. Aunque no es correcto el término, aun algunos hablan del tipo IV, cuando la sangre está fuera de los ventrículos (es el llamado infarto hemorrágico periventricular)[14]. En los grados I y II no suele haber síntomas ni problemas graves en el futuro, pero las HIV tipo III y los infartos hemorrágicos periventriculares sí se asocian a problemas en el desarrollo neurológico de estos bebés prematuros y también tienen una mortalidad elevada.

Las HIV leves no suelen dar ningún síntoma, por lo que hay que hacer ecografías cerebrales de forma rutinaria para encontrarlas. Si hay alguno, los síntomas son parecidos a los de las infecciones: apneas, poca reactividad, etc., incluso convulsiones. En cada vez más unidades, los propios neonatólogos pueden descartar por sí mismos las hemorragias graves hasta que el médico radiólogo pueda hacer la ecografía cerebral.

No existe un tratamiento una vez que la hemorragia se ha producido, solamente controlar que no vaya a más. En los casos más graves, los ventrículos se dilatan mucho y si no paran de hacerlo, progresivamente, ponen en peligro el crecimiento del resto del tejido nervioso. Por eso, entre otras cosas, se mide periódicamente el perímetro de la cabeza de los prematuros, por si va aumentando de tamaño.

---

14. En menores de 1.500 gramos, la incidencia fue esta: grado I, 10,6%; grado II, 4,3%; grado III, 3,3%; grado IV, 4,7%. Más del 11% de prematuros de 25 semanas o menos tuvieron HIV grados III y IV.

En estos casos de dilatación ventricular posthemorrágica se pueden dar algunos medicamentos, hacer punciones lumbares de repetición (para sacar parte del líquido cefalorraquídeo) o realizar un drenaje de líquido cefalorraquídeo, llevando un tubo desde los ventrículos, y bajo la piel, hasta el abdomen, para que drene allí. Estas actuaciones se hacen de acuerdo con los neuropediatras y neurocirujanos.

Los bebés de 34-35 semanas ya no suelen tener esa capa de células y vasos tan débiles tapizando los ventrículos. Gracias a los corticoides que se les ponen a las mamás antes del parto, además, hay menos hemorragias de este tipo.

— **Leucomalacia periventricular.** Los vasos que llevan la sangre a las zonas cercanas a los ventrículos son terminales, es decir, que si uno falla, la sangre no puede llegar a esa zona por otros lugares. Por eso, si hay alguna zona a la que no le ha llegado la sangre o el oxígeno bien, con el tiempo se verá afectada. En las ecografías, la zona que rodea a los ventrículos primero se verá más brillante y, más adelante, se formarán pequeñas cavidades[15]. Esto no se ve en el momento de producirse, sino varios días después. La leucomalacia periventricular se asocia a problemas en el neurodesarrollo de los recién nacidos, porque por esa zona pegada a los ventrículos van las fibras que comunican la corteza del cerebro con el resto del cuerpo (a esas fibras se les llama «sustancia blanca»).

Imaginad a un árbol al que se le cortan las raíces: en las próximas horas su aspecto es similar al previo, pero con el tiempo, el árbol cambia. Ese es el motivo de realizar ecografías cerebrales de repetición, aunque sean normales. Puede que un problema de este tipo en el parto, o en los primeros días, tarde en verse en las ecografías.

La lesión está en la zona por donde pasan los nervios que llevan la movilidad al cuerpo, especialmente los nervios que llevan las órdenes a las piernas, que son los que pasan más cerca de los ventrículos laterales.

— **Convulsiones.** Hasta un 6% de los prematuros puede convulsionar, por distintas causas. Desde hemorragias cerebrales,

---

15. En menores de 1.500 gramos, aparecen en un 2,6% de los casos.

falta de oxígeno, azúcar o calcio bajos, pasando por infecciones o problemas del metabolismo. Las crisis convulsivas en los prematuros son poco llamativas. A veces apneas, en ocasiones movimientos repetitivos, en otras chupeteo o parpadeo, etc., que pueden pasar desapercibidos.

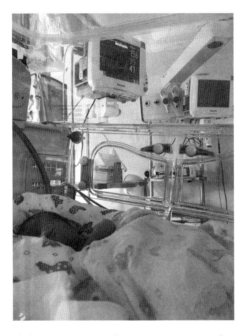

Manuel duerme mientras los monitores nos informan.

• Hipotermia

Los prematuros se enfrían con mucha facilidad. Los más pequeños se envuelven justo al nacer en un bolsa de plástico que previene la hipotermia y después se introducen en la incubadora, que permite mantener al prematuro a la temperatura deseada. La hipotermia puede alterar mucho a un prematuro, incluso empeorarlo a nivel pulmonar o cardiaco, por lo que se controla su temperatura de forma constante.

Otras veces, aparentemente, el bebé está a una temperatura normal, pero gracias a que está gastando mucha energía en conseguirlo, lo que le repercute muy negativamente en su evolución. Este estrés térmico se detecta comprobando la diferencia entre la temperatura central del bebé y la periférica (por ejemplo, en un pie). Hay que intentar que esas dos temperaturas estén cercanas, manteniendo a los bebés calientes en las incubadoras o realizando el método cCanguro. Vuestro bebé debe usar sus reservas de energía para crecer y desarrollarse, no para mantenerse caliente. Por eso se pesan dentro de las incubadoras y se intenta realizar todos sus cuidados allí.

• Ictericia

Todos los bebés se ponen un poco amarillos, por una coloración que produce en la piel la acumulación de una sustancia llamada bilirrubina. Prácticamente todos lo prematuros tienen ictericia, que suele ser más tardía y de mayor duración que en los niños a término.

La bilirrubina se forma a partir de los glóbulos rojos de la sangre, cuando se degradan. Antes del nacimiento, la bilirrubina la manejaba la placenta, pero ahora debe ser el propio bebé. La mayoría de los prematuros la resuelven solos en unos días, pero en otros, se convierte en un problema. Los prematuros tiene muchos motivos para elevar las cifras de bilirrubina. La bilirrubina se elimina por las heces tras pasar por el hígado, donde se transforma para que pueda eliminarse. Los bebés prematuros no hacen bien ese paso en el hígado y necesitan tiempo para que el hígado madure y lo haga de forma correcta.

Sus glóbulos rojos son más frágiles, se rompen más y producen más cantidad de bilirrubina. El meconio tiene también bilirrubina que su intestino vuelve a absorber. Según los niveles de bilirrubina, la edad gestacional y los días de vida, la bilirrubina es más o menos peligrosa. Pequeñas elevaciones no tienen importancia, pero en casos extremos puede dañar sus oídos y su cerebro. El tratamiento más frecuente es la fototerapia, que se da con unas lámparas con una luz especial que transforman la bilirrubina que pasa por la piel del prematuro en otra bilirrubina que ya no es tóxica y se elimina mejor. Es muy frecuente que los prematuros menores de 32 semanas precisen fototerapia varias veces durante su estancia.

Para que no les irrite los ojos, se les tapan con un antifaz o gafas de fototerapia. Será muy frecuente que vuestro bebé entre o salga de fototerapia durante su ingreso.

• Glucosa y calcio en sangre

Los prematuros tienen dificultad para mantener el nivel de azúcar en la sangre, entre otras cosas, porque tienen bajas reservas en su hígado y necesitan aportes extras de glucosa y mediciones frecuentes para conocer sus cifras. Los niveles bajos pueden ser perjudiciales para el bebé.

Algo similar pasa con el calcio, necesario para el funcionamiento adecuado, por ejemplo, de los músculos. En los días posteriores los niveles de glucosa y calcio tienden a normalizarse.

Es menos frecuente que no toleren el azúcar, acumulándose, y pudiendo llegar a necesitar insulina de forma transitoria. Cada vez se usa menos, porque desde que ingresan los bebés prematuros se les ponen líquidos con proteínas, que estimulan la secreción de insulina propia por parte del prematuro.

• Anemia

Anemia es un descenso en la cantidad de hemoglobina de la sangre. La hemoglobina es necesaria para transportar el oxígeno a los diferentes tejidos, y va dentro de los glóbulos rojos. Los bebés prematuros suelen tener anemia a partir del primer mes de vida, llegando a las cifras más bajas de hemoglobina entre las seis y ocho semanas de vida. Esto les pasa también a los no prematuros y se llama anemia del lactante. Pero en los prematuros, además, muchos factores hacen que la anemia sea más intensa: se produce menos hemoglobina en las primeras semanas de vida, las complicaciones, como las infecciones, descienden la cifra, etc. Aun así, la principal causa que se puede corregir es evitar las extracciones sanguíneas que no sean necesarias, y solo con esto, se reduce mucho el número de prematuros que necesitan transfusiones[16]. Existen otros medicamentos que en casos muy concretos pueden usarse. Cuando el bebé prematuro empieza a producir más hemoglobina, necesita tener suficientes depósitos de hierro, por eso se le dan suplementos a muchos de los prematuros.

• Retinopatía del prematuro

Las retinas de los bebés son la parte más profunda de sus ojos y donde están las células que le permitirán ver, mandando los estímulos visuales hasta el cerebro. En los menores de 32 semanas o menores de 1.500 gramos, las retinas no están aún del todo formadas al nacer, y a partir de las 4-6 semanas de vida, el oftalmólogo debe comprobar si se están desarrollando bien o no. Por eso, de forma rutinaria, se le harán fondos de ojo, que es la exploración con la que precisamente se ve esa zona del ojo. Este es otro de los problemas que nunca está en las primeras semanas de vida.

El problema es que hay una formación anormal de los vasos sanguíneos de la retina, que pueden llegar a desprenderla.

El factor de riesgo más importante, además de la prematuridad, es el uso de oxígeno en altas concentraciones, por eso se mide continuamente cuánto oxígeno hay en la sangre con los monitores, para reducir el aporte extra que estamos dando si el nivel es adecuado.

Hay varios grados de retinopatía, y en los iniciales no se hace ningún tratamiento; en los más avanzados, puede corregirse con láser o con una medicación dentro del ojo del prematuro. Los oftalmólogos determinan cuántas veces hay que revisar a cada bebé de forma individualizada.

Tratamientos

— **Transfusiones**. Además de las transfusiones de glóbulos rojos en los casos de anemia importante, pueden transfundirse otros componentes de la sangre. Casi nunca se usa la sangre completa,

---

16. Hasta un 38% de menores de 1.500 gramos pueden necesitarlas.

sino lo que hace falta de ella. Por eso, se transfunden plaquetas, plasma o glóbulos rojos de forma separada. En muchos cuadros de sepsis (infecciones en la sangre) es necesario transfundir glóbulos rojos, plaquetas o plasma, por ejemplo.

— **Antibióticos.** Le pondrán antibióticos a vuestro bebé si sospechan de una infección por una bacteria. Hay muchos tipos, se empiezan por los que cubren a la mayoría de gérmenes, que serán diferentes según la edad postconcepcional del bebé. Si en los cultivos que se le hacen se llega a conocer el nombre de la bacteria, se dejará el que mejor le vaya.

Los antibióticos que no le hacen falta al prematuro solo pueden crearle problemas. Los hongos se tratan con antifúngicos y la mayoría de infecciones virales no tienen tratamientos específicos (sí algunas como el herpes o el citomegalovirus).

— **Surfactante.** Es una sustancia líquida que se introduce en los pulmones del bebé porque él no es capaz de producirla, por su prematuridad. Con el surfactante se consigue que se abran los alvéolos, la parte final del sistema respiratorio, y que los pulmones permanezcan más abiertos y, por tanto, que funcionen mejor. Es el tratamiento de elección en el síndrome de distrés respiratorio. Se puede poner a través de un tubo endotraqueal o por medio de una sonda fina que se coloca en la tráquea de forma mínimamente invasiva y luego se retira.

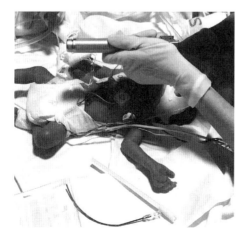

Preparando para administrar surfactante con una sonda de forma no invasiva (la sonda de la parte inferior de la imagen, curvada). Al bebé se le abre la vía respiratoria con un laringoscopio, el aparato que tiene la neonatóloga en la mano izquierda.

— **Cafeína.** Medicamento estimulante del centro respiratorio nervioso que se usa para tratar las apneas de la prematuridad. Parece tener efectos a largo plazo en el desarrollo del pulmón y del cerebro.

— **Analgésicos.** Hay procedimientos que pueden ser dolorosos para el bebé prematuro, como la extracciones de sangre o los sondajes. Para evitar estos estímulos dolorosos repetidos, se realizan medidas no farmacológicas, como la contención dentro de la incubadora o la succión, de una tetina o del pezón, mientras se le realizan algunas de estas pruebas. También puede darse un jarabe de sacarosa, que tiene efecto analgésico. Pero en otros casos, como en el uso de ventilación mecánica o cirugía, se precisan analgésicos más potentes, como el fentanilo (un tipo de opioide). A la larga, cada vez necesitan más fentanilo porque el efecto analgésico se va perdiendo, y es posible que cuando ya no le haga falta tenga un síndrome de abstinencia: el bebé está irritable, no gana peso, está sudoroso, con diarrea, no se consuela de ninguna forma, tiene fiebre, etc. Si esto sucede, o se cree que puede suceder, se trata al bebé con morfina, metadona u otro medicamento hasta que los síntomas van cediendo.

— **Drogas vasoactivas.** Algunos medicamentos aumentan la tensión arterial o hacen que el corazón lata más fuerte o más rápido. Estos medicamentos se deben administrar de forma continua en la sangre, preferiblemente por una vía central, y se usan en situaciones en las que la circulación de la sangre está comprometida, por ejemplo, cuando la tensión arterial es baja o cuando el bebé está necesitando usar muchos de sus recursos para mantenerla en límites normales. Entre las más conocidas están la dopamina, la dobutamina y la adrenalina.

— **Diuréticos.** Los diuréticos ayudan a que el riñón fabrique más orina. Se pueden usar en algunos casos de displasia broncopulmonar, en el edema pulmonar o la insuficiencia cardiaca, y también mejoran la función pulmonar. Hay muchos, el más conocido es la furosemida, pero a veces se usan otros como la hidroclorotiazida o espironolactona.

— **Ibuprofeno.** Cuando se determina que el ductus arterioso está creando problemas en el bebé, que es significativo, se puede intentar cerrar con este medicamento, por vía intravenosa, durante tres días. Si no se cierra, se puede volver a intentar. En algunos lugares usan indometacina, o más recientemente, paracetamol.

— **Relajantes musculares**. Los relajantes musculares bloquean la actividad de los músculos, cuando se quiere que el bebé no tenga ningún tipo de movilidad. Se intentan usar en el menor número de casos.

Pruebas

Algunas de ellas ya las hemos visto, pero a modo de resumen, aquí están las más comunes y las causas más frecuentes por las que se las pueden hacer a vuestro bebé.

— **Análisis de sangre**. Los análisis de sangre son necesarios para ayudar en la toma de decisiones, como vimos en las sospechas de infección, o para comprobar los niveles de muchas sustancias, que pueden alterarse y acarrear problemas: glucosa, calcio, sodio, potasio, la acidez de la sangre (el pH), el nivel de oxígeno o dióxido de carbono, plaquetas, glóbulos blancos, hemoglobina, cómo funcionan los riñones, etc. También se determina el grupo sanguíneo del bebé y si su sangre tiene alguna incompatibilidad con la de su madre. Cada análisis es distinto porque los neonatólogos deciden qué cosas pedir en ellos, y los resultados hay que interpretarlos.

La sangre también se cultiva (hemocultivo). Los microbiólogos la ponen en unos discos con todo lo que una bacteria necesita para crecer y se esperan varios días para ver si crece alguna, y si es así, saber cuál es exactamente.

— **Gasometrías capilares**. Se le pincha con un tubito de cristal en el talón y se obtiene el pH (la acidez de la sangre), el dióxido de carbono, la hemoglobina, el calcio, la glucosa, sodio, potasio, la bilirrubina, etc., de forma rápida, ya que en muchas unidades esto lo hace una máquina que no está en el laboratorio, sino dentro de la propia unidad de neonatos. Con ellas también se comprueba si el bebé está logrando respirar bien, aunque tenga esfuerzo respiratorio, o cómo están respondiendo sus riñones.

*Contención de un prematuro por su madre mientras
se le extrae una gasometría capilar.*

— **Análisis de orina.** Algunos bebés prematuros tienen infecciones de orina, y se les toma muestras para cultivarlas. También es necesario analizarla para comprobar cómo manejan el agua, el sodio, el potasio, etc.

Hay una infección viral, importante en bebés prematuros, provocada por un germen llamado citomegalovirus. En un análisis de orina puede detectarse.

— **Análisis del líquido cefalorraquídeo**. Si se sospecha una meningitis, al bebé hay que analizarle el líquido que recubre el cerebro. Esto se hace mediante una punción lumbar, entre las vértebras de la espalda, porque este líquido circula también por dentro de la columna vertebral. Según sus niveles de azúcar, glóbulos blancos y otras sustancias, o si el microbiólogo directamente ve bacterias en el microscopio, se puede sospechar una meningitis. Este líquido también se cultiva. En algunos casos se pueden buscar infecciones virales como el herpes, parechovirus y enterovirus.

— **Radiografías**. Las radiografías se usan para ver estructuras que no se aprecian a simple vista, como los pulmones. Si el bebé tiene dificultad para respirar por inmadurez pulmonar, la radiografía muestra al pulmón de una forma determinada; si es porque tiene líquido en el pulmón, de otra; si es por una rotura (neumotórax), las imágenes son diferentes, etc. A veces tienen imágenes solapadas entre unas enfermedades y otras, o bien, las radiografías parecen normales.

También se usan las radiografías para ver el patrón de gas en el abdomen o para comprobar hasta dónde ha llegado una vía central cuando se le ha colocado a un bebé (vías umbilicales, epicutáneos) o si está bien colocado el tubo endotraqueal.

En muchos casos, una ecografía puede suplir a la radiografía, pero en la práctica, la radiografía aún es una prueba muy usada. La radiación de una radiografía es baja, pero aun así, se intentan hacer las menos posibles. En la mayoría de los casos, un técnico de radiología viene con un aparato portátil para hacer la radiografía en la propia unidad.

Puede que escuchéis el término «placa», porque es muy frecuente llamar placas a las radiografías.

— **Ecografías**. Las ecografías sirven para ver estructuras internas del bebé. El cerebro, el corazón, el abdomen, etc. se pueden examinar con la ecografía, que además no somete a radiación alguna al bebé, y en algunos casos es la mejor forma de explorar esos órganos. Es muy frecuente que se le hagan ecografías cerebrales (poniendo la sonda del ecógrafo en la fontanela, la zona anterior de la cabeza que no está cubierta de hueso) para buscar hemorragias, leucomalacia, etc.; cardiacas, para ver cómo se contrae el corazón, si necesita ayuda o si el ductus se está cerrando; abdominales, por ejemplo, para ver cómo están los riñones y los vasos sanguíneos que llegan a ellos.

— **Fondo de ojo**. Dentro del ojo hay una capa que se llama retina. El oftalmólogo puede ver el fondo del ojo con diferentes aparatos, tras dilatar las pupilas del bebé. Se buscan signos de enfermedades y, frecuentemente, datos de la retinopatía de los prematuros.

— **Resonancia nuclear magnética**. Se obtienen imágenes de cualquier órgano, aunque en prematuros lo más frecuente es hacerla del cerebro, ya que permite verlo con mucha definición y sin exponerlo a radiación. Los bebés que tienen lesiones de importancia por la ecografía, o cuya evolución neurológica no es la esperada, frecuentemente necesitan una resonancia nuclear magnética cerebral para delimitar los posibles daños. En algunas unidades, hacen una resonancia a todos los grandes prematuros al llegar a la edad a término.

— **Pruebas de audición**. Los recién nacidos menores de 1.500 gramos o menores de 32 semanas, así como los que han estado sometidos a tratamientos que pueden dañar el oído, deben pasar unas pruebas especiales que determinan si el bebé oye bien o no. Estas pruebas no le causan ninguna molestia al bebé. Vuestros neonatólogos os dirán cuáles son (otoemisiones acústicas, potenciales auditivos evocados) y cuándo deben realizarse.

— **Cribado metabólico**. También es llamada la «prueba del talón». Recogiendo sangre (y en algunas comunidades también orina) en un papel secante, se pueden analizar varias enfermedades, muchas de ellas metabólicas, que de otra forma pasarían desapercibidas, serían muy difíciles de diagnosticar o su diagnóstico tardío traería problemas, como en el caso del hipotiroidismo y la fenilcetonuria. Estas dos enfermedades se detectan de forma rápida en la prueba del talón y con un sencillo tratamiento el pronóstico neurológico de los bebés cambia a mejor. También sirve para detectar otras enfermedades como la fibrosis quística o algunas enfermedades de la sangre. Preguntad en vuestro hospital qué enfermedades se buscan.

Habitualmente, en prematuros, la prueba del talón se repite a partir de los primeros quince días de vida, de forma rutinaria. Los resultados os suelen llegar a vosotros por correo.

— **Electrocardiograma**. Con unos electrodos se mide la actividad eléctrica del corazón. En casos en que se sospeche que el ritmo del corazón no sea el conveniente, se suele hacer un electrocardiograma.

— **Electroencefalograma**. De forma parecida a un electrocardiograma, el electroencefalograma mide la actividad eléctrica del cerebro. Cada edad gestacional tiene un patrón diferente, por lo que hay unos médicos especialistas en su interpretación llamados neurofisiólogos. Se suele pedir en caso de sospecha de crisis convulsivas. En algunos bebés se usa un electroencefalograma más básico, que ponen e interpretan los propios neonatólogos. Al bebé se le coloca un gorro que lleva unos electrodos o unas agujas muy pequeñas.

¿Cuándo sale de la incubadora?

No hay un momento concreto para salir de la incubadora, os lo irán diciendo en cada caso, pero como aproximación, se suelen sacar a una cuna térmica pasados varios días de vida, cuando regulan la temperatura de forma adecuada y llegan a 1.700 o 1.800 gramos de peso o 33-34 semanas de edad postconcepcional.

¿Qué podemos hacer en la unidad?

En la unidad neonatal hay muchas situaciones que los padres y madres no podéis controlar. Pero otras que sí, y esas hay que aprovecharlas.

Los recién nacidos prematuros parecen estar muchas horas durmiendo y que mientras lo hacen, no está pasando nada. Pero nada más lejos de la realidad. La incubadora y la unidad os parecen, inicialmente, muros infranqueables. No sois meros espectadores, sois las personas más importantes para el bebé. Que no se os olvide nunca. Entre otras cosas, podéis hacer lo siguiente:

• Cuidar de vosotros mismos es una de las más importantes. Si no estáis bien, ayudaréis menos. Tenéis que descansar, alimentaros y cambiar de ambiente de vez en cuando.

• La otra cosa importante es colaborar con el equipo que cuida de vuestro bebé, entrar a formar parte de él. No pensarlo, hacerlo.

• Podéis contribuir a mantener bajo el nivel de ruido y de luz, siempre de forma educada y ayudando al personal. Apagad los móviles o quitadles el sonido si os lo piden. Seguid las instrucciones en cuanto al lavado de manos, pulseras, relojes, etc.

• Intentad ayudar al personal con las visitas, no fomentéis que vengan personas acatarradas o fuera de horario.

• Respetad el ritmo de sueño y vigilia de vuestro bebé, pero habladle, cantadle, acariciadle. Dadle muestras de amor y cariño.

• No esperéis a que os lo digan, preguntad vosotros mismos qué podéis hacer. Cuanto antes os impliquéis en sus cuidados, mucho mejor, y antes os sentiréis más seguros y unidos a él o ella. Al final seréis sus cuidadores, y esa habilidad se adquiere día a día, no cuando se va a ir de alta.

• Animaos a hacer el método Canguro: es bueno para el bebé y para vosotros. También podéis cogerlo en brazos. Cuando los bebés llevan mucho tiempo ingresados necesitan que los mimen, que los cojan y los mezan; esa labor es fundamental y podéis hacerla vosotros. Calmar a un bebé lo ayuda a él y al resto del personal de la unidad, ya que a veces la carga de trabajo es alta.

• La mamá puede estimularse el pecho y empezar a extraerse calostro desde las primeras horas tras el parto; inicialmente tendrá que estimularse muy frecuentemente, unas 8-10 veces al día, incluso por la noche. No debéis desanimaros, posteriormente saldrá más leche, y esas pequeñas cantidades son muy beneficiosas para vuestro bebé. Podéis extraeros leche en la unidad, delante de la incubadora.

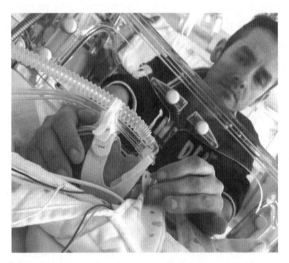

El papá de Eva colocándole el chupete para realizar la succión no nutritiva.

• Podréis bañar a vuestro bebé y darle masajes si las condiciones lo permiten, darle el pecho o alimentarlo con jeringa y sonda. Incluso cambiarle los pañales. Depende de vosotros llegar a hacerlo o no.

Es posible que el personal os diga que alguna actividad no puede realizarse en ese momento o no os pueden enseñar a hacer algo, por ejemplo, porque tengan varios ingresos o un niño se haya inestabilizado. Son situaciones en las que debéis colaborar para no interferir.

• Es buen momento para conocer lo que le pasa, por qué lleva esos aparatos, en qué consisten la pruebas y qué significan sus resultados.

• Haced una lista de preguntas para vuestro neonatólogo o para la enfermería. Nadie nace sabiendo y hay que preguntar.

• Conoced a la personas que tratan con vuestro bebé. Son parte de vuestro equipo y solo quieren ayudaros.

• Tomad parte en las decisiones que se toman sobre vuestro bebé. En ocasiones tendréis que firmar consentimientos para hacer algunas pruebas y tratamientos y también os pedirán opinión para hacer unas cosas u otras. Debéis saber qué le pasa al bebé. Podéis adelantaros y decirlo. Sois sus padres y madres. Vuestra opinión es muy importante.

• Acudid a la información de vuestro neonatólogo. Si solo vais en otros horarios, perderéis contacto con su médico o médica principal. Si aun así no podéis, decidlo. Hay muchas formas de comunicarse. No es lo mismo que sepan que no podéis ir a que no se sepa por qué no vais nunca. En lo posible, hay que intentar hablar con su neonatólogo responsable a la hora de la información.

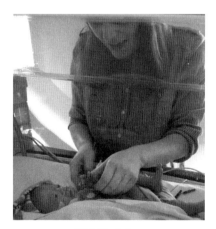

Hablándole.

• Algunos padres escriben una especie de diario al estilo tradicional o en la red, como un testimonio de estas vivencias tan estresantes, pero a la vez tan llenas de vida. Puede ser una forma de ordenar vuestras propias ideas y descubrir qué pensáis, si os dejáis llevar.

• También podéis intentar, contando con el personal, personalizar un poco su entorno. Llevar algún dibujo de los hermanos, por ejemplo, puede ayudar a que exista una conexión entre ellos y el bebé, y así el lazo afectivo se va creando y creciendo.

• Muchos padres y madres traéis un libro para leer mientras estáis con vuestro bebé, o algún dispositivo móvil de entretenimiento.

• En las unidades neonatales pasan muchas cosas, a cualquier hora del día. Muchas agradables, otras más tristes. Las personas que viven situaciones así suelen unirse más. Eso es frecuente entre los padres y madres de diferentes bebés ingresados. Hablad con ellos, compartid vuestras emociones. Están pasando por cosas parecidas a las vuestras. Algunas veces se crean amistades para siempre. El día menos pensado, puede que seáis ya vosotros los padres y madres de un bebé que lleva mucho tiempo, y podéis hablar con los padres y madres de prematuros recién ingresados. Quizá contarles lo que ya sabéis y os hubiera gustado que os contaran puede ser de utilidad para ellos y para vosotros.

La mamá de Eva bañándola dentro de la incubadora con ayuda de una enfermera.

92

• Pese a todo esto, en algún momento tenéis que ir a casa. Existen sentimientos de abandono del bebé y algunos padres y madres no quieren irse; puede que estéis más nerviosos en casa, a la espera de una llamada que probablemente no llegue nunca, etc. Es habitual, pero hay que descansar y cuidar la salud física y mental. Buscad momentos de desconexión. Son necesarios para todos, puede que para el que menos lo aparente.

• En muchos hospitales hay sesiones para padres y madres de bebés en las que se aprenden técnicas de extracción y conservación de la leche, de estimulación del bebé, o por ejemplo, de reanimación cardiopulmonar. Es muy interesante que podáis acudir a alguna de ellas, porque son enseñanzas que siempre os vendrán bien.

Compartir habitación

En cada vez más hospitales es posible poder compartir habitación con vuestro bebé en las etapas finales del ingreso, antes del alta. Si no tenéis más niños hay que hacerlo; si tenéis otros hijos, os animo a pasar, aunque sean los últimos días en esta zona de la unidad, donde tendréis gran parte de la responsabilidad del cuidado del bebé. El grado de estrés se disminuye muchísimo, ya que estaréis como en casa, pero con el hospital al otro lado de la puerta.

La mayoría de madres y padres veis el paso por estas zonas de básicos o de ingreso con el bebé (también se llama *rooming in*), como una parte muy positiva, en la que termináis de daros cuenta, a veces, de que sois capaces de cuidar a vuestro bebé de forma independiente. De que no lo hacéis tan mal, además de darle el amor y cariño que necesita.

Cuanto más tiempo compartáis con el bebé en estas habitaciones, mejor y menos difícil será la llegada a casa.

En algunos hospitales de lo que disponen es de una especie de apartamento que comparten madres que viven lejos del hospital, para que no tengan que desplazarse desde otras localidades.

Horarios e información

Las unidades, cada vez más, tienen las puertas abiertas a los padres y madres durante las veinticuatro horas del día. Normalmente hay un horario para la información oficial, que suele ser por la mañana, aunque a veces los resultados de las pruebas o las valoraciones de otros compañeros se hacen después de esta información. Preguntad por ellas, os informarán si es necesario en la guardia.

Las enfermeras y auxiliares trabajan por turnos, y en esos cambios de turno se traspasa la información sobre cada bebé a los profesionales que acaban de llegar. En esos momentos, el ambiente en la unidad es más ajetreado. Los neonatólogos trabajan por las mañanas; luego, todos los días, quedan algunos de guardia hasta el día siguiente. Se dan un pase de información antes de las 15:00 h, habitualmente, informando de la situación de cada bebé a los médicos que quedan de guardia a cargo de todos los bebés. A la mañana siguiente, esos neonatólogos que han estado de guardia informan a los que vienen de sus casas sobre la evolución de cada bebé y de los posibles ingresos.

A veces los médicos no se explican de forma que los padres y madres los entendáis. Frecuentemente, el miedo, el estrés u otros factores hacen que no se interprete bien la información. Un exceso de información inicial o centralizarlo todo en algún aspecto no demasiado importante puede hacer que la información médica no os llegue de forma correcta. Si es así, pedidles que os lo expliquen con otras palabras, porque debéis entender las cosas bien para poder tomar decisiones de forma adecuada. No os quedéis con la duda, volved a preguntarlo, vosotros no os habéis formado para entender el cuidado de un bebé prematuro. Las conversaciones a largo plazo sobre los tratamientos o el pronóstico de vuestro bebé debéis mantenerlas con su neonatólogo responsable en la medida de lo posible, porque es el que mejor lo conoce.

Si queréis ver al médico de vuestro bebé, preguntad a las enfermeras.

Es posible que surjan preguntas después de la hora de la información, por lo que es conveniente ir apuntándolas para que no se olviden y resolverlas en la primera ocasión que se pueda. A veces se da la información fuera de horario porque se prevé que a esa hora no va a ser posible, o bien, cuando se dispone de más tiempo para hablar. En muchas unidades los padres pueden llamar para preguntar cómo ha pasado la tarde o la noche su hijo prematuro. Si tras la conversación, le resumís al médico o enfermera lo que habéis entendido, tendréis una forma fácil de saber si la información recibida es la correcta.

En algunas raras ocasiones se os puede pedir, por algún problema, que salgáis de la unidad; o bien, no os pueden atender como otras veces a la hora de la información por una situación de emergencia. Entendedlo y seguid las instrucciones del personal.

Visitas y hermanos

En algunos hospitales se permite la visita de los hermanos y hermanas del bebé si no tienen problemas infecciosos en ese momento. Así, se va forjando y reforzando la relación de los hermanos con el nuevo bebé. Os sorprenderéis de la facilidad y naturalidad con la que los hermanos y hermanas quieren al nuevo miembro de la familia. Preguntad las posibilidad de estas visitas en vuestro hospital, o de que realicen una visita en un momento determinado, tras acordarlo con el personal de la unidad. Hablándolo, todo debe ser posible.

Si van a la visita, primero explicadles qué es lo que van a encontrar, en qué consiste la unidad y qué cosas estarán cerca del bebé, incluyendo las alarmas que pitan, las luces, las incubadoras y todos los dispositivos que incluye para ayudarle. Enseñarles fotos antes de esta primera visita facilita que lo reconozcan y que tengan un vínculo con él, aunque no lo vengan a ver con frecuencia. Si dejáis algún dibujo o algo que le lleven los hermanos, favoreceréis que se mantengan unidos.

Los padres pasáis muchas horas en el hospital con el nuevo hermano o hermana, y cuando volvéis a casa estáis preocupados y cansados. Los hermanos deben comprenderlo, pero hay que estar con ellos y normalizar lo máximo posible la situación. No se deben ocultar los problemas a los hermanos, ya que ellos también tienen miedos, deseos e incertidumbres. Hay que dejarles que se expresen. Al hermanito se le puede querer dentro de sus dificultades, no solo si va todo bien. Esa enseñanza les puede servir de por vida.

Debéis pedir a las visitas que no se acerquen a otros bebés prematuros ni que se interesen por sus máquinas o tratamientos. Pedidles además que tengan los móviles en silencio o en un tono bajo.

Otros padres, grupos de apoyo

Poder hablar con grupos de padres que han pasado por lo mismo, o con grupos de apoyo, puede ser muy interesante, porque todos han vivido situaciones similares y sus diferentes puntos de vista os servirán para conocer cómo otros padres y madres han manejado sus situaciones particulares.

Las asociaciones de padres y madres prematuros, además, os pueden ayudar en todo lo relacionado con ayudas, seguimiento, etc.

Preguntad por grupos de apoyo a padres y madres de prematuros de vuestra zona.

Caminos de ida y vuelta

Es posible que si tenéis un bebé prematuro o vais a tenerlo, os trasladen a un hospital más preparado para atender a vuestro hijo. En menores de 34 semanas, se recomienda nacer en un hospital que cuente con unidad de cuidados intensivos neonatales. O puede suceder que en vuestro hospital, que está preparado para atender a cualquier prematuro, no haya sitio, y os deriven a otro centro donde puedan dar al bebé los cuidados necesarios.

En todos estos casos, se añade el problema del transporte al hospital, lejos del hogar, y los problemas (económicos, sociales, etc.) asociados.

Cuando vuestro bebé prematuro mejore, o cuando haya un sitio para él en el hospital más cercano a vuestra casa, se suele trasladar de vuelta. Esto es lo normal, lo deseable y lo esperable. Seguirá los cuidados en ese nuevo hospital.

No os inquietéis. Si os mandan de vuelta, es porque os van a tratar igual o mejor que ahora en un hospital más cercano a vuestra casa. Hay que empezar a normalizar la situación.

El alta a casa

Este es uno de los momentos más importantes. Algunos papás y mamás aún no os lo creéis: después de todo, os lo lleváis al hogar. Han pasado muchos días, muchos problemas, y los hemos superado casi todos, y otros, los superaremos lo mejor que podamos, entre todos.

Papá, mamá y la hermana de Eva MF (otra Eva), de 25 semanas y 825 gramos de peso, yendo a casa tras más de 3 meses de ingreso.

La estancia en la unidad debe haber servido para que sepáis manejar a vuestro bebé prematuro en casa. Desde que el bebé ingresa hay que prepararse para el alta. Si ha pasado por la unidad de básicos o de hospitalización conjunta, posiblemente os hayáis llevado algunos sustos que, con el tiempo, ya no os inquietan nada. Esa es parte de la enseñanza.

Antes de iros es conveniente realizar una lista de preguntas que hayan quedado en el tintero, así como otras de índole más práctico: quién es su pediatra, qué medicaciones lleva, dónde llamar si hay problemas; si hay que aumentar la dosis de fármacos a medida que crezca; cuáles son las siguientes revisiones y dónde son, etc. Tener preparadas algunas cosas puede venir bien antes de que el bebé esté ya en casa.

•¿Cuándo está preparado para irse a casa?
Antes del alta, el bebé debe ser capaz de lo siguiente:

— Regular la temperatura corporal de forma eficaz, vestido y en una cuna normal.

— No tener episodios de apneas y haber dejado atrás la medicación para ellas (al menos una semana antes).

— Debe alimentarse bien al pecho, con biberón o con jeringa. Si se decide dar el alta con alimentación por sonda, debéis saber manejarla y qué hacer si la pierde.

— Debéis conocer cómo dar el pecho, como extraer y conservar la leche materna, o bien, cómo preparar la leche artificial.

— Sería conveniente que lo hayáis bañado y que lo hayáis calmado muchas veces antes del alta.

— El bebé ya no debe necesitar oxígeno suplementario. Si tiene displasia broncopulmonar y se decide el alta con oxígeno domiciliario, debéis tener instalado el oxígeno en casa y disponer de un sistema de oxígeno portátil para las salidas del bebé fuera de casa, además de unas gafas nasales. Os lo gestionarán desde la unidad de neonatos. En estos casos, además, se os suele facilitar un pulsioxímetro, para poder conocer la saturación del bebé. Sabréis usarlo antes del alta.

— En estos casos es aconsejable tener nociones básicas sobre reanimación cardiopulmonar.

— El prematuro debe tener un buen aumento de peso, de forma mantenida.

— Esperar al menos 48 horas si le han puesto las vacunas en la unidad.

— Deben habérsele realizado los cribados metabólicos, auditivos y el fondo de ojo, si están indicados.

— El peso al alta varía dependiendo de cada hospital, pero está en torno a los 1.800-2.200 gramos y, al menos, unas 35 semanas de edad postconcepcional, pero muchas veces se acercan a las 40 semanas, la edad que sería de término.

Eva, días antes de partir a casa.

•¿Qué debe reflejarse en el informe?
Os deberán dar un informe con la siguiente información:

— Cómo nació (Apgar, reanimación, etc.).

— Qué medidas se tomaron, qué pruebas se le han realizado.

— Cuál ha sido su evolución durante todos esos días.

— Qué resultados están aún pendientes.

— Qué tratamientos ha recibido y qué tratamientos deberá seguir tomando en casa.

— Debe tener también un resumen de los diagnósticos.

— Una lista con las citas en los diferentes especialistas, si los precisa, y también en la consulta de neonatología.

— Si precisa atención temprana, un contacto con esa unidad.

— Si es necesario que reciba en invierno una medicación llamada palivizumab.

— Como cualquier bebé, hay que saber si se le han realizado las pruebas del oído, las metabólicas (la prueba del talón) y las siguientes revisiones de fondo de ojo.

— Debéis conocer las medidas para evitar el síndrome de la muerte súbita del lactante. En neonatos, es frecuente tener a los prematuros boca abajo, pero días antes del alta hay que acostumbrarse a colocarlos boca arriba cuando están durmiendo, que es la postura que deben tener en casa.

También es importante que preguntéis todas las dudas que tengáis del informe, como para qué se usa cada medicamento, por ejemplo. Es bueno conocer los efectos secundarios de los medicamentos que va a tomar en casa y cualquier peculiaridad que además tengan (por ejemplo, si hay que guardarlos en frío, etc.). El informe tenéis que entenderlo, si no, no tiene utilidad. Preguntad cuáles son los signos de alarma que deben haceros volver a consultar.

La lactancia materna y la lactancia artificial pueden crear muchas dudas, y es conveniente tratar de resolverlas antes del alta. Si la madre tiene más leche de la que el bebé toma, es bueno que sepáis cómo congelarla, e incluso, si podéis donarla al banco de leche del hospital (las madres de los prematuros frecuentemente donan leche puesto que vieron lo importante que era para sus hijos).

Tenéis que conocer, si es posible, cuál será su pediatra o su centro de salud. También es interesante saber si podéis volver a consultar en la unidad de neonatos.

Por último, y no menos importante, vosotros debéis estar preparados.

•¿Y si hay más de un bebé?

Cuando hay más de un bebé, es muy habitual que uno de ellos esté preparado para el alta antes que el otro. En estas circunstancias, en cada unidad se actúa de forma diferente, porque hay que individualizar. Si los problemas de un bebé van a alargar mucho la hospitalización del otro hermano o hermana, es posible que os planteen el alta de ese otro bebé.

Raúl y Daniel (31 semanas, 1.400 gramos) en la unidad de básicos, antes del alta.

La mayoría de los padres y madre prefieren, sin embargo, esperar para llevarse a los dos a la vez, porque el cuidado de los bebés por separado puede ser más complicado. Si el alta del hermano con problemas se alarga, es posible que al final decidáis llevaros a uno de los hermanos.

• Los prematuros tardíos que no ingresaron
Los bebés prematuros tardíos son los que nacen entre la semana 34 y 36 de gestación. Son prematuros, y muchas veces están con vosotros en la planta de maternidad, pero no hay que olvidar que lo son. Por

ello, si vuestro bebé es prematuro tardío, no debéis iros de forma precoz, porque al final, tendréis que volver. Es muy frecuente que reingresen pronto, especialmente si estáis menos de 48 horas ingresados, por deshidratación, ictericia, dificultades en la alimentación o infecciones.

Estos reingresos aumentan si la mamá y el papá sois muy jóvenes, es vuestro primer bebé y realizáis lactancia materna exclusiva (sin ayuda a la madre o con muy malos consejos, claro). Por tanto, en estos niños, no hay un periodo de estancia claro en maternidad. En muchas ocasiones cuando la madre tiene el alta, el bebé tiene que ingresar en neonatología. El riesgo de ictericia importante no es anecdótico y os deben ofrecer un seguimiento si el bebé está ya amarillo en los próximos días y consejos sobre la prevención del síndrome de la muerte súbita del lactante.

• **Cosas que se pueden preparar en casa antes**
Si usas un extractor de leche es buena idea llevarte a la unidad el que hayas comprado para manejarlo antes de volver a casa.

Cuando tu bebé esté en la cuna, siempre tras pedir permiso a las enfermeras, puedes poner algún adorno colgante, para que el bebé lo reconozca y vuelva con él a casa. También podéis dejarle algo que huela a vosotros para que se acostumbre, pero lo mejor sería que pasarais mucho tiempo con él en la unidad y ya conociera vuestro olor. Lo mejor es hacer el método canguro cuanto más tiempo mejor.

Supervivencia sin morbilidad grave

Como orientación, y en el año 2017 en España, la mayoría de niños que sobrevivieron no tuvieron neumotórax, enterocolitis necrotizante, sepsis tardía, leucomalacia quística, hemorragia intraventricular grados 3 y 4, retinopatía que precisara tratamiento ni displasia broncopulmonar. Este grupo era del 61,5% de los menores de 1.500 gramos; en los bebés entre 1.000 y 1.500 gramos, estaba entre el 60 y el 80%. Cuando bajamos de peso, el porcentaje es menor, pero un 40% de los prematuros con pesos entre 750 y 1.000 gramos no tuvieron ninguno de estos problemas, y casi un 20% de los bebés entre 500 y 750 gramos tampoco.

Respecto a la edad gestacional, el 81% de los mayores o iguales a 30 semanas no tuvieron ninguno de estos problemas. El 57% de los bebés de 28 y 29 semanas, el 36% de los bebés de 26-27 semanas y el 11% de los de 24-25 semanas, no presentaron ninguna de estas complicaciones.

El bebé que fallece

En ocasiones, los bebés prematuros fallecen en la unidad. Aún a día de hoy, algunos bebés no logran superar los diferentes problemas que hemos comentado, y otros muchos que existen. Casi todos lo que fallecen lo hacen en las primeras 48 horas o en la primera semana de vida; pero también hay fallecimientos más tardíos.

Nadie pasa la pena al mismo ritmo cuando un bebé fallece. Parece que los padres y madres que se implicaron más con sus bebés hacen un duelo por ellos mejor que aquellos que no quisieron implicarse demasiado.

El dolor por la pérdida de un prematuro es más profundo de lo que la gente cree, y probablemente sea un herida que tengáis para siempre, aunque superéis los peores momentos. Puede que comentarios bien intencionados os hagan mucho daño, como las incitaciones a «olvidarlo», a que «vivió poco» o a que «tenéis que tener pronto otro bebé». Hay que intentar entender que la intención de esos comentarios nunca es mala.

Tener recuerdos del bebé, como fotografías, ropa, la pinza del cordón, un gorrito, sus huellas dactilares en un papel, puede servir en el futuro para compartir recuerdos con vuestros seres queridos. Para muchos padres y madres estos recuerdos os sirven para afianzar que el prematuro fue parte de la familia y se le quiso el tiempo que estuvo entre vosotros.

Muchos padres agradecen al personal el trato que le dieron a sus bebés, se sienten acompañados, y sienten que sus hijos e hijas fueron cuidados, atendidos y queridos durante el tiempo que pudieron acompañarlos. El equipo de profesionales que lo atienden siente la pérdida como propia. Algunos padres y madres prefieren tener en brazos a su bebé en los últimos momentos, para despedirse de él.

La experiencia de comunicación con otros padres puede ser trascendental en esos momentos. En mucha unidades además hay psicólogos que pueden ayudar a pasar este duelo de la forma menos traumática.

No encariñarse con ellos suele derivar en un duelo de peores consecuencias a largo plazo. Quered a vuestros bebés todo lo que podáis. Habrán sido queridos en el tiempo que vivieron, y ese regalo es lo mejor que le podéis dar a vuestros hijos o hijas.

La mortalidad en menores de 1.500 gramos en España estaba en algo más del 12 % de los casos. En los siguientes esquemas se presenta la diferente tasa de mortalidad según pesos y edad gestacionales.

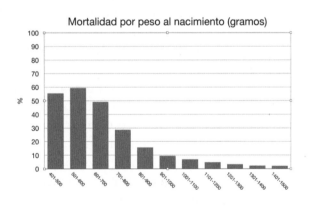

Mortalidad por peso al nacimiento (gramos)

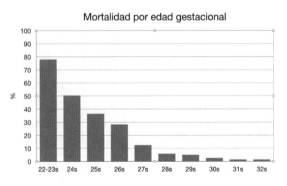

Mortalidad por edad gestacional

POR FIN EN CASA

Llegó el momento, por fin, de irse a casa con el bebé. Hemos corrido, nos hemos tropezado, y caído, y nos hemos levantado. Hemos visto a corredores dejar la carrera, y a otros, llegar muy rápido a la meta. Puede que nos sintiéramos intensamente vacíos y tristes cuando un bebé compañero del nuestro falleciera; puede que tuviéramos envidia de otros que llegaron al final del maratón más rápido que nosotros. Notamos en nuestros pies la huella marcada de cada metro, de cada kilómetro. Nos acordaremos siempre del día en que dejó atrás el ventilador, del día que se le quitó el tubo endotraqueal. Del día que nos miró a la cara. Al final, la salida era importante, pero el camino tenía sorpresas. Cada kilómetro se ha sufrido. Cada kilómetro ha enseñado.

Ya no sois las mismas persona que antes del parto prematuro de vuestro bebé. Habéis evolucionado. Ahora sabéis la importancia de los detalles, la facilidad con la que una situación empeora y lo lentamente que se consigue mejorar. Sabéis que sois más fuertes de lo que jamás hubieseis pensado, y que por vuestro bebé seríais capaces de hacer muchas cosas que no haríais por nadie más. Comprendéis que hay más maternidades y paternidades y la importancia de cosas simples, como nacer a término, que la mayoría de familias dan simplemente como algo normal. Ya sabréis que hay buenos profesionales, personas que la mayoría de la gente no conoce, que han tratado a vuestro bebé como si fuera el suyo propio. Buenos profesionales y profesionales buenos.

Y sabréis que lleváis a casa a un luchador o una luchadora, que ha pasado por problemas mayores quizá que los que sus padres y madres hayáis tenido nunca.

Estáis orgullosos de vuestro bebé. Todos lo están.

Seguimos juntos.

La carrera no ha acabado

La carrera no ha acabado. Ahora empieza otra, más larga, que durará toda la vida. Tenéis a vuestro bebé en casa y aún tendrá que superar algunas dificultades. Revisiones, sustos, algunas pruebas, etc. El miedo a lo que pasará en el futuro. El miedo a los problemas en el desarrollo. El miedo a cuidar a un bebé, que es una tarea muy importante y una gran responsabilidad, aunque no sea prematuro, aumentado varias veces.

Las certezas que teníais en el hospital pueden ser grandes dudas una vez en casa, y es muy frecuente sentir vértigo. De repente, podéis llegar a creer que un bebé que tuvo tantos problemas y que aún puede que tenga alguno, no puede ser cuidado en casa por vosotros. Pero si los profesionales os han dado el alta es porque confían en que sabréis hacerlo.

Sois sus mejores apoyos

No se debe olvidar que el padre y la madre sois los mejores aliados de vuestro bebé, las personas más importantes para su desarrollo. Queréis un hijo o hija feliz, y vosotros sois una de las piezas claves para que lo consigan, tengan las limitaciones o problemas que tengan. Es sorprendente cómo muchos niños con discapacidad son felices y tienen una vida plena. Luchad por su bienestar pese a los posibles problemas.

Al poco de llegar a casa, pasados los momentos iniciales, os iréis dando cuenta de que el tiempo que estuvisteis en neonatos no ha sido en balde, sino que sois capaces de hacer muchas cosas bien, y las que no, de hacerlas cada vez mejor. Es posible que el padre o la madre no note esa conexión con el bebé tal como le habían hecho creer, que no sienta un amor total e incondicional, especialmente si no participó de sus cuidados en el hospital. Todo llegará participando ahora de su cuidado en casa. Tanto la lactancia materna como la artificial son momentos para aumentar el apego. Los bebés huelen a los padres y responden a la receptividad que sus padres tienen con ellos. Es una experiencia compleja y personal. No os agobiéis si no lo sentís como dicen que hay que sentirlo, algunos padres y madres tardáis más tiempo.

Muchos padres y madres sentís la soledad al volver a casa y cuidar de vuestro bebé, pasados los primeros días. Aprended a delegar tareas en personas de confianza. Muchas personas os pueden ayudar si les pedís que hagan algo en concreto, les ayudaréis a sentirse útiles.

Las relaciones sociales también pueden afectarse, porque es frecuente que vuestras amistades no os entiendan. No han vivido vuestro dolor, ni vuestro miedo. Os pueden parecer superficiales los problemas de otros padres y madres respecto a sus hijos. Habéis pasado por situaciones que ni se imaginan. Algunos padres tratáis de dar una lección resumida del mundo de la prematuridad a vuestras amistades, y os decepcionáis porque no os entienden; o bien, vuestros conocidos creen entender todo, y no es cierto. En la calle o en el entorno familiar, la gente preguntará sin saber qué está haciendo. No entienden que si fue muy prematuro no haga las cosas que aparentemente debiera por la edad cronológica, ni que sea más pequeño ni que pese poco, ni que haya que limitar las visitas. No os lo toméis a mal. Cada vez que os preguntan por su edad, puede que no tengáis ganas de volver a explicarlo todo.

Como en cualquier aspecto de la vida, hay personas que no os benefician. Alejaos de ellas en lo posible.

El otro lado de la balanza es la sobreprotección de los bebés prematuros, manteniéndolos en una burbuja, sin contacto con el exterior y no permitiéndoles a la larga que nadie les importune en nada. Eso no es bueno, especialmente para ellos mismos. La incertidumbre que tenéis sobre su futuro puede hacer que se lo estéis limitando, impidiéndoles que tengan un desarrollo adecuado (a largo plazo). No infravaloréis al bebé solo porque fue prematuro. También será un niño y tiene derecho a serlo. Haced todo lo que esté en vuestras manos para evitar problemas imaginarios.

Muchos de los cuidados en casa de un bebé prematuro son muy parecidos a los cuidados de un bebé a término.

Seguimiento de los prematuros

Los prematuros, especialmente los menores de 32 semanas o 1.500 gramos, precisan de un seguimiento a largo plazo para conocer los problemas que van surgiendo, anticiparlos y darles el mejor tratamiento posible. Los neonatólogos se encargarán de coordinar a los diferentes especialistas para conseguir obtener el máximo potencial del bebé.

En bastantes ocasiones, los padres os preocupáis por muchos problemas futuros que, al final, no pasan. La gran mayoría de los bebés prematuros tienen un desarrollo normal, y esto hay que saberlo porque parece que es al contrario. Si siempre tenéis miedo por lo que le toca hacer en el futuro, aunque vaya avanzando, nunca disfrutaréis de vuestro hijo o hija.

Dependiendo de la edad gestacional, el peso y los problemas durante el ingreso en neonatos, los riesgos serán diferentes. Actualmente, los mayores riesgos aparecen en prematuros menores de 1.000 gramos.

Los problemas más frecuentes son problemas de crecimiento, alteraciones en la adquisición del lenguaje o de la marcha, así como problemas visuales y auditivos. Algunos prematuros aparentemente normales pueden tener problemas de aprendizaje y de interacción social a los 5-7 años de vida.

Respecto al desarrollo neurológico, cada niño y niña se va desarrollando de forma progresiva, alcanzando sus capacidades de forma distinta y en diferentes tiempos. Hay unos hitos del desarrollo, lo que debería hacer un bebé a una determinada edad corregida, que son orientativos, porque el tiempo para alcanzarlos es variable. En la carrera del neurodesarrollo, no dan un premio por llegar antes, lo único importante es avanzar. A veces, algunas de estas habilidades no se consiguen a cierta edad y es un signo de alarma de que algo no está yendo bien. Recordad que para la valoración neurológica se usa la edad corregida.

El seguimiento en consulta de neonatología debe ser al menos hasta los dos años, pero en muchos hospitales el seguimiento es hasta muchos años después. El primer año es cuando más consultas hay, pero luego cada vez son menos frecuentes.

Puede que en una de esas visitas, cuando ya no os de miedo ni malos recuerdos volver a la unidad de neonatos, traigáis una foto de vuestro bebé.

La colgaremos en el tablón de la entrada; vuestra historia, vuestra vivencia, será una gota más que ayudará a otros padres a afrontar duros momentos.

• **Crecimiento y nutrición**

Un crecimiento adecuado se asocia a un mejor desarrollo neurológico. Tanto la falta de crecimiento como el exceso en la ganancia de peso pueden ser perjudiciales a largo plazo para el prematuro (un aumento rápido de peso se asocia a obesidad, diabetes y enfermedades del corazón y las arterias en la vida adulta). Cada vez que el peso o la longitud se reflejen en una gráfica, debe ser con la edad corregida. Si lo hacen con la edad cronológica, siempre saldrán muy pequeños.

La leche materna es el alimento de elección al menos hasta los seis meses de la edad corregida, pero no hay límite de edad. No se suele suplementar la leche materna al alta de la unidad. Las tomas normales de un bebé en casa están entre ocho y doce al día; hay que intentar que tome la parte final de cada tetada, que es la que lleva más grasas y, por tanto, más energía. En ocasiones, es posible que os recomienden dar algunos suplementos de fórmula de prematuros si la ganancia ponderal es muy escasa.

No se sabe realmente si la alimentación complementaria hay que darla según la edad cronológica o la edad corregida; dependerá en todo caso de la maduración neurológica de cada bebé.

En algunos casos pueden precisar valoración por los pediatras especialistas en nutrición.

Los prematuros suelen recibir vitamina D desde los 15 días hasta el año de edad, y hierro, desde el mes hasta el inicio de la alimentación complementaria. Os lo indicarán al alta.

El incremento de peso, aproximado, durante los tres primeros meses es de 25-35 gramos al día.

• **Desarrollo motor**
El desarrollo motor se va evaluando progresivamente en la consulta. Hay que ver cuándo sujeta la cabeza, cuándo se sienta, cuándo empieza a caminar, etc.

Por ejemplo, el 90% de los bebés se mantienen sentados sin apoyo al menos un minuto a los nueve meses de edad corregida. Como sabéis, los nueve meses de edad corregida en un niño de 28 semanas, son 12 meses de edad cronológica (12 meses menos 3 meses que se adelantó: 9 meses). Por tanto, un prematuro de 28 semanas, con un año de vida (cronológico), debería sentarse ya sin apoyo. En niños y niñas a término, lo suelen hacer alrededor de los seis meses.

Para la marcha es parecido. La gran mayoría de prematuros suelen ser capaces de caminar sin ayuda cinco pasos a los dieciocho meses de edad corregida, que en el mismo ejemplo sería a los veintiún meses. Los recién nacidos no prematuros suelen caminar bastante antes. Si vuestro bebé no lo hace, no tiene que significar que hay un problema, pero puede ser el primer signo.

Hay situaciones, las más frecuentes, que no son realmente un problema. Algunos bebés tienen las piernas más rígidas los primeros meses de vida, sin afectar a cuándo se sientan ni a cuándo caminan, y suele ser transitorio; otros tienen un retraso en las habilidades motoras que poco a poco va mejorando (retraso motor simple), especialmente si estuvieron muy enfermos o tienen displasia broncopulmonar.

La parálisis cerebral es un grupo de trastornos que afectan a la movilidad y la postura de los bebés. Son permanentes y no progresivos, debidos a que algún problema afectó al cerebro en desarrollo. El riesgo de parálisis cerebral va de un 3 a un 8% en los grandes prematuros; aunque las cifras han mejorado en los nacidos entre 1.000 y 1.500 gramos, en menores de 1.000 gramos no hay una mejoría tan evidente. Algunos hallazgos en las pruebas se asocian muy frecuentemente a parálisis cerebral. La leucomalacia periventricular quística se relaciona con parálisis cerebral en un porcentaje muy elevado de los casos, pero también es posible, solo por haber nacido con menos de 1.000 gramos, tener hemorragias intraventriculares graves, displasia broncopulmonar, infecciones cerebrales o convulsiones. En muchos casos no se encuentran más factores que la propia prematuridad.

No existe ninguna prueba que diagnostique la parálisis cerebral; el diagnóstico es con la exploración que realiza el médico, y al menos deben pasar dos años para poder diagnosticarse. Si afecta solo a un lado del cuerpo, la marcha se alcanza muy frecuentemente; si afecta a los dos lados del cuerpo, aproximadamente la mitad la alcanzarán. La parálisis cerebral no es lo mismo que tener un problema de sentidos o de cognición, aunque muchas veces van asociados.

La fisioterapia evitará la rigidez muscular; la administración de algunos medicamentos, como la toxina botulínica, pueden ser útiles en determinados casos, que valorarán en neuropediatría.

• Visión
Además de la retinopatía de la prematuridad, los prematuros tienen mayor frecuencia de alteraciones en la refracción (miopía, astigmatismo, etc.), así como estrabismo, ambliopía (ojo vago), etc. A partir de los dos años de edad corregida deben ser evaluados nuevamente por los oftalmólogos.

• Audición
La frecuencia de alteraciones leves o moderadas de la audición en los prematuros menores de 1.500 gramos o menores de 32 semanas es de un 2%, bastante mayor que la población general. Necesitan realizarse pruebas especiales de oído (potenciales evocados), para determinar si oyen de forma correcta. Si el ingreso dura muchos meses, se recomienda investigar la audición antes del alta.

En los casos en los que hay problemas en la adquisición del lenguaje es necesario derivarlos de nuevo a otorrinolaringología.

• Alteraciones cognitivas y del comportamiento
Pueden existir alteraciones, aunque las pruebas sean normales, y al revés también. En casos de afectación extensa de la sustancia blanca cerebral suele haber problemas cognitivos importantes. El cociente intelectual de los prematuros es similar al de los niños a término, algo más bajo según el descenso en las semanas de edad gestacional, pero está muy influenciado por el acceso a la atención temprana y a cómo los padres y madres interaccionan con el bebé.

Existen alteraciones en el comportamiento como ansiedad, depresión, etc., pero no está claro si se deben a la prematuridad o a la forma en que han sido criados. Por ejemplo, en casos de sobreprotección, o también de hospitalismo (pasar al niño que va bien por múltiples consultas médicas por ansiedad familiar, al punto que se considera a sí mismo enfermo), pueden ser esas las verdaderas causas.

Parece que el trastorno por déficit de atención e hiperactividad es más frecuente en los prematuros, así como los trastornos del espectro autista.

• La atención temprana
La atención temprana mejora los problemas motores y cognitivos, con un plan individualizado para cada familia. Pero la atención temprana empieza en vosotros, sus padres y madres. Hablarles mucho y hacer actividades con ellos también es parte de las cosas que se pueden hacer en casa.

En los equipos de atención temprana hay diferentes profesionales (psicólogos, logopedas, fisioterapeutas) que se encargan de tratar y prevenir los problemas del desarrollo general del niño. Después de evaluar al niño, sus riesgos, y a las familias, proponen un plan de actuaciones individualizado, valorando el desarrollo del lenguaje, el área cognitiva, la comunicación socioafectiva y el área motora.

• Signos de alarma
La unión de varias de estas situaciones puede hacer pensar en un desarrollo neurológico alterado, aunque hay que valorarlo en su propio contexto. Un signo aislado, con el resto dentro de la normalidad, no suele tener mucho valor.

— **A los 3 meses de edad corregida:** no mantiene la cabeza, no fija la mirada, falta de tono o aumento del tono mantenidos, irritabilidad permanente, ausencia de sonrisa social, problemas para tragar y chupar en todas las tomas, asimetrías en la fuerza o en la movilidad.

— **A los 6 meses de edad corregida:** persistencia de los reflejos arcaicos, falta de interés por el entorno, no dirige la atención a la fuente del sonido, no orienta la mirada al hablarle, etc.

— **A los 9 meses de edad corregida:** ausencia de balbuceo, no conoce a las personas que lo cuidan habitualmente, no se mantiene sentado, no se voltea.

— **A los 12 meses de edad corregida:** no extraña, no imita gestos, no pronuncia sílabas, ausencia de pinza con los dedos, dificultad importante para permanecer sentado.

— **A los 18 meses de edad corregida:** ausencia de marcha autónoma, no comprende órdenes sencillas, no usa jerga con intención de comunicarse, tiene conductas repetitivas, no juega a imitar, no expresa emociones, tiene crisis de llanto que no se calman, no señala con el dedo índice.

— **A los 24 meses de edad corregida:** pasividad excesiva, no emite ninguna palabra con significado, no comprende ni cumple órdenes, no tiene marcha autónoma, no imita un trazo en un papel, no construye una torre de dos cubos, no señala partes de su cuerpo, no reconoce imágenes familiares, no mastica sólidos.

— **A los 3 años:** conductas agresivas o de aislamiento, baja tolerancia a la frustración, miedos o timidez exagerados, ausencia de juego simbólico, lenguaje repetitivo, conducta desorganizada.

En las diferentes consultas, vuestro neonatólogo irá valorando al bebé, así como en la consulta de neuropediatría y en atención temprana.

Enfermedades más frecuentes en casa

• **Hernias**
Una hernia es una tumoración debida al paso de contenido intestinal por un punto débil de la pared del abdomen del bebé, quedando cubierta de piel: el ombligo, la ingle, etc. La importancia de las hernias en el recién nacido depende de su localización, del tamaño y de las complicaciones. En las hernias umbilicales la evolución suele ser muy buena sin hacer nada, y la mayoría se han cerrado solas al año de vida. Nada de poner fajas ni monedas. Se curan solas igual en casi todos los casos. La hernia inguinal es la masa de aparición brusca en la ingle, a veces tras una crisis de llanto (por eso en el cólico del lactante hay que explorar a los bebés, especialmente si el llanto no cede). El bulto puede llegar

hasta el escroto o labios. A diferencia de la hernia umbilical, siempre hay que operarla, y es más frecuente en prematuros. Cuando se detecta antes del alta, se suele operar antes de irse a casa.

• Displasia broncopulmonar

Algunos bebés con displasia broncopulmonar necesitan oxígeno en casa, y para ello, el hospital os habrá gestionado con la empresa distribuidora de oxígeno domiciliario, un pulsioxímetro, unas gafas nasales, una bombona de oxígeno y una pequeña bombona portátil para las salidas.Al principio puede que os dé mucho miedo la situación, pero en casa podréis cuidar y disfrutar a vuestro bebé de otra manera.

El oxígeno es necesario para el correcto funcionamiento de todas las células del cuerpo; la inflamación del pulmón hace que no se intercambie bien, necesitando que en el aire que el bebé respira haya un poco más. El oxígeno se regula para que la saturación de oxígeno, que se mide con el pulsioxímetro, aumente. En el hospital os fijarán cuál es la saturación que debéis conseguir. De todas formas, la empresa distribuidora suele tener un teléfono de dudas que funciona veinticuatro horas al día.

• Infecciones respiratorias, bronquiolitis

Los prematuros tienen mayor riesgo de precisar reingreso por infecciones respiratorias, especialmente en los meses desde octubre a marzo. Una de ellas es la infección por el virus respiratorio sincitial (VRS), un germen que contagia a los bebés porque se pasa en las gotitas de saliva que desprendemos al hablar o que llevamos en las manos. La infección por VRS es la principal causa de bronquiolitis, pero hay muchos más virus implicados. El bebé muestra dificultad para respirar, aleteo nasal, marca las costillas, deja de comer, tiene décimas de fiebre, etc. Es difícil de distinguir de un resfriado en las fases iniciales. Si tenía oxígeno en casa por una displasia broncopulmonar, ahora necesita más cantidad; si tuvo una displasia de la que parece que se recuperó antes del alta, ahora la infección le provoca más dificultad respiratoria que a otros bebés.

Hay unos anticuerpos contra el VRS, unas defensas, que se administran a algunos prematuros para evitar el reingreso por infección por VRS. Como no es una vacuna, su efecto dura poco, algo más de un mes, por lo que las dosis se repiten mes a mes durante el periodo de invierno, que es cuando más casos de bronquiolitis hay. Se administra con una inyección, y el medicamento se llama palivizumab.

Los criterios para dar palivizumab en España van cambiando con los años, y no son los mismos en todos los hospitales, porque hay diferentes recomendaciones internacionales. Vuestros neonatólogos os irán diciendo si vuestro bebé debe o no recibir palivizumab.

La infección por gripe puede dar fiebre alta y síntomas respiratorios, además de malestar general, y en ocasiones obliga a consultar con vuestro médico.

¿Cómo prevenir las infecciones respiratorias?

— Lavaos bien las manos antes de tocar al bebé, de forma frecuente. Si hay otras personas en casa, pedidles que lo hagan.

— Usad pañuelos desechables.

— Dadle leche materna.

— Tened limpias las superficies cercanas al bebé.

— Limitar el número de visitas.

— Alejaos de las personas con claros síntomas respiratorios o con diarrea, y de los ambientes con alta concentración de personas (centros comerciales, autobuses, metro, salas de espera, guarderías, etc.). No siempre se evitarán las infecciones, pero se reducirá la probabilidad de tenerlas. La época de más peligro es entre octubre y marzo.

— En ocasiones tendréis que pedirle a alguien que no venga a ver al bebé o que no lo bese si tiene síntomas catarrales. Es difícil de entender porque todos querrán manosearlo como muestra de amor. Vuestro bebé tiene riesgos, y deberán entenderlo

— El humo de tabaco produce irritación de las vías respiratorias, y más susceptibilidad a tener infecciones. Dejad de fumar y cambiaros de ropa si habéis fumado.

• Diarrea

Las infecciones por los virus llamados rotavirus y norovirus producen cuadros de diarrea abundante, que en algunas ocasiones pueden hacer que el bebé deje de comer y tenga riesgo de deshidratación. Si logra mantenerse hidratado con pequeñas cantidades de leche, es posible que sea un cuadro más pasajero. Todas estas infecciones intestinales son muy contagiosas, por eso es tan importante cuidar los contactos del bebé y el lavado de vuestras manos. Algunas de estas infecciones se pueden prevenir con una vacuna. Vuestros pediatras os informarán.

• Reflujo gastroesofágico

Todos los bebés tienen reflujo, que es la subida de la leche desde el estómago hasta el esófago, y a veces, hasta la boca. Muchas veces podéis notarlo si le ponéis al bebé la mano en la espalda. Pero no todos los reflujos son una enfermedad. Algunos reflujos ni siquiera llegan a verse porque el bebé no regurgita nunca.

Cuando es un verdadero problema, se llama enfermedad por reflujo gastroesofágico. El bebé hace la toma con ganas, pero a mitad de la comida, suelta el pecho o el biberón de forma brusca y comienza a llorar. Si intentáis darle otra vez de comer, lo rechaza, echando el cuello hacia atrás. Si se mantiene, deja de ganar peso y está siempre irritable, por hambre y por dolor al comer. Puede llegar a confundirse con un cólico del lactante, pero vuestro pediatra lo sospechará si la relación con la comida es tan clara. Puede mejorar con un tratamiento que os recetará vuestro pediatra. La enfermedad por reflujo gastroesofágico es más frecuente en bebés con displasia broncopulmonar.

• Dificultades en la alimentación

Muchos bebés prematuros comen lentamente, se cansan y precisan más tiempo para realizar las tomas. Los niños con displasia, además, tienen dificultades para ganar peso porque necesitan más energía que otros para poder crecer. Si se fuerza a que los bebés tomen, pueden cambiar la coloración. Basta con dejar de darles y esperar a que se recuperen, pero no es conveniente forzar las tomas y que esto pase.

Si el bebé comienza a ahogarse con moco o leche, colocadlo boca abajo con la cabeza ligeramente más baja que el cuerpo. Si es necesario, limpiadle cuidadosamente con un paño cualquier fluido visible en la boca y la nariz.

• Deformidades craneales

Los huesos de la cabeza del bebé no están unidos, y por eso la forma de la cabeza puede modificarse según dónde reciba mayoritariamente la presión. Esto es así porque para pasar por el canal del parto viene muy bien que los huesos se monten unos encima de otros y salga la cabeza con menos dificultad, y para permitir el crecimiento del cerebro. Pero si posteriormente dejáramos al bebé inmóvil en cualquier postura, la cabeza no crecería de la forma correcta.

Es frecuente que el prematuro tenga el cráneo alargado y estrecho por haber estado muchos periodos de tiempo con la cabeza apoyada en uno de sus lados. A esto se le llama dolicocefalia, y para evitarla se hacen cambios posturales. También es frecuente la plagiocefalia, un aplanamiento de la parte posterior de la cabeza, por mantener apoyada esa zona de forma frecuente contra la cuna. Se puede reconocer porque una zona está más deprimida, y puede que con menos pelo. Para prevenir el desarrollo de la dolicocefalia hay que tener al bebé también con la cabeza apoyada en el occipucio, la parte más prominente de la parte de atrás de la cabeza. Para prevenir la plagiocefalia, un truco es ponerlo en la cuna con la cabeza donde iban los pies, para que los estímulos le vengan ahora desde el lado contrario y tenga que dejar de apoyar el lado plano en el colchón. Otra táctica muy buena es cogerlo mucho, y tenerlo boca abajo cuando está despierto, jugando con él.

Ponerle juguetes dentro de la cuna para que los mire no es buena idea porque se asocian a asfixia en la cuna, ni ponerle toallas o cosas que venden para que no se gire. No están recomendadas por mucho que se anuncien.

También son frecuentes el retraso en la erupción de los dientes de leche, la malposición y la maloclusión dentales. Incluso pueden tener mayor riesgo de caries.

• Dermatitis del pañal

La dermatitis en la zona del pañal es un concepto que define varios problemas en esa zona de la piel del bebé, la mayoría de base inflamatoria. Cuanto más tiempo el pañal está puesto, con heces u orina, más frecuente es que la piel se irrite y se inflame. En ocasiones se complica con una infección por un hongo llamado Candida. Si en la familia hay pieles atópicas, es más frecuente. En raros casos se debe a enfermedades de importancia.

Son lesiones rojizas, que respetan los pliegues y que abarcan, precisamente, la zona del pañal. Con una buena higiene, pañales adecuados y cambios frecuentes de pañales, suele mejorar. Es importante limpiar la zona sin friccionar la piel para no empeorarla.

Utilizar, con moderación, cremas que contengan óxido de zinc o vaselina, también ayuda. No usar cremas con antibióticos o con corticoides si no han sido indicadas por el pediatra. Consultad al médico si las lesiones no ceden en un plazo prudencial. Procurad que el bebé pase un rato cada día sin pañales; además de que estará más cómodo, las lesiones mejorarán

• Hemangiomas

Algunos bebés prematuros tienen un bultito rojizo en la piel, que al nacer no se ve, pero que va creciendo poco a poco, cada vez más, en el primer mes de vida. Notaréis que al presionarlo no se quita. Muchas veces son hemangiomas infantiles, unos tumores de los vasos sanguíneos que crecen mucho al principio, especialmente entre los dos y cuatro meses, y luego, sobre el año, van disminuyendo de tamaño. Puede que hayáis visto a algún niño con un tumor que se parece a un fresón en alguna zona de su piel, cuando está en su máxima expresión.

En otras ocasiones el hemangioma tiene una parte más profunda y lo que se nota es una tumoración azulada. Solo en casos muy concretos necesitan tratamiento (cuando están cerca de los ojos, dentro de la garganta o en el cuello, o son muy grandes). El tratamiento actual es un jarabe llamado propranolol o una crema de timolol que consiguen que desaparezca.

• Cólico del lactante

Son episodios de llanto desde los quince días de vida hasta los cuatro meses, de predominio por la tarde-noche, y de causas poco claras; los tratamientos son múltiples y variopintos, lo que suele significar que ninguno es muy bueno.

La repetición de este patrón, a partir de las dos semanas de vida, sin enfermar el bebé en el resto del tiempo, acerca al diagnóstico de cólico del lactante, aunque es posible que el famoso cólico se deba a otras cosas si se extiende durante el día, como a una alergia a las proteínas de la leche de vaca o a una enfermedad por reflujo gastroesofágico.

Es también conocido que el cólico del lactante es más frecuente en padres primerizos, nerviosos y ansiosos; es muy posible que los padres veteranos lo manejen en casa ya sabiendo lo que se traen entre manos.

No hay ninguna medicación ni tratamiento de eficacia demostrada para esto. Algunos hacen masajes abdominales y otras técnicas de fisioterapia, pero la eficacia de estos métodos es dudosa. Otras veces, cogiéndolo en brazos o realizándole movimientos circulares con sus piernas dobladas sobre el abdomen, algunos bebés se calman. Las medicinas que se han usado, como los carminativos, pueden provocar intoxicaciones; los antihistamínicos no deben darse porque lo único que consiguen es sedar a los niños. En cualquier caso, si sospecháis que puede deberse a algún problema de salud, debéis consultarlo con un pediatra.

Síndrome de la muerte súbita del lactante (SMSL)

Es un fallecimiento inesperado, pero en el que no se encuentra la causa tras una autopsia completa, entrevistar a los padres y reconocer la casa. El SMSL es la principal causa de muerte de los bebés mayores de un mes, hasta el año, pero también se da en recién nacidos.

• La prematuridad y el bajo peso al nacer son factores de riesgo muy importantes para el SMSL.

Las recomendaciones para prevenir el síndrome de la muerte súbita del lactante son las siguientes, y las deben conocer todos los cuidadores (abuelos, hermanos mayores, etc.):

• El bebé debe dormir boca arriba. No de lado, boca arriba. Desde que se hace esto, los casos de SMSL han disminuido mucho. Los prematuros están más confortables boca abajo en algunos momentos, y es fácil verlos así durante su estancia hospitalaria, pero deben acostumbrarse antes del alta a estar boca arriba. No imitéis en casa esa postura cuando duerme, en el hospital el bebé estaba monitorizado. No hay ninguna relación entre dormir boca arriba y un mayor riesgo de atragantamiento.

• Algunos prematuros con displasia broncopulmonar que reciben oxígeno suplementario en casa necesitan más oxígeno durmiendo boca arriba; esto es algo conocido y que no cambia la recomendación: deben dormir boca arriba, nunca de lado ni boca abajo.

• No se deben usar posicionadores para mantener al bebé boca arriba ni mantas enrolladas ni ningún otro dispositivo.

• Evitad sobrecalentarlo con mantas, ropa en exceso, etc. El prematuro debe dormir con ropa ligera y a una temperatura no mayor de 20° en la habitación. Las manos y pies de los bebés frecuentemente parecen fríos, pero sin estar el bebé frío de verdad.

• Usad un colchón firme, evitando almohadas, edredones, peluches, juguetes y otros objetos.

• Se recomienda compartir habitación, pero no cama, hasta pasados los primeros 3-6 meses de vida. No se recomienda realizar colecho si el bebé ha sido prematuro.

• Pese a esto, realizar colecho es un tema cultural en muchas familias, por lo que hay que conocer cómo hacerlo bien para evitar riesgos. Nunca hacer colecho si: habéis bebido alcohol, fumáis, sois más de dos en la cama, hay más hermanos en la cama, estáis extenuados o bajo el efecto de algún medicamento, tenéis obesidad mórbida o no dormís en una cama (sino en un sofá, silla, etc.).

• El chupete durante el sueño protege del síndrome de la muerte súbita.

• La lactancia materna se asocia a menos SMSL.

• El tabaquismo en los padres aumenta la probabilidad de SMSL.

• El consumo de alcohol y otras drogas aumenta el SMSL.

• Ningún producto de los que se venden para prevenir el SMSL sirve, y algunos hasta pueden aumentar el riesgo.

Además del SMSL, muchos bebés con muerte súbita simplemente se asfixian con la ropa de cama, al colar la cabeza por el hueco de la cama, o un adulto los aplasta. Por eso es conveniente evitar las almohadas y los juguetes en la cuna y saber hacer el colecho.

Cuándo ir al pediatra

El paso por neonatos debe haber servido para que conozcáis cuándo algo va bien y cuándo no. Muchos padres y madres tenéis una sensación de hipervigilancia, de peligro constante, que no suele ser real. Con el tiempo, aprenderéis a distinguir la preocupación, de los problemas que aparecen de verdad y en los que hay que buscar ayuda. En caso de duda sobre la salud de vuestro prematuro, consultad.

Hay algunas circunstancias que os deben hacer consultar con vuestro pediatra siempre porque pueden tener importancia.

• **Fiebre**
Un recién nacido con fiebre siempre debe ser valorado por un pediatra de forma rápida. A otras edades será diferente, no hay por

qué llevarlos, pero cuando es un recién nacido, o incluso en los tres primeros meses, sí hay que buscar ayuda. La fiebre en sí no es una enfermedad, sino un síntoma de que algo está sucediendo. El pediatra valorará, según el estado general y realizando algunas pruebas, la causa de la fiebre, e incluso pondrá un tratamiento si cree necesario descartar algún problema importante que se esté iniciando, como una infección de orina o una neumonía. Si el bebé está muy abrigado, puede llegar a tener fiebre. El tratamiento más importante de la fiebre es el de la causa. Si la temperatura se mantiene elevada puede ser necesario darle algún antitérmico, como el paracetamol, según las dosis recomendadas. Los antitérmicos no actúan sobre la causa de la enfermedad, ni la curan.

• Ictericia

Es la coloración amarillenta de la piel. Es un proceso casi siempre normal en los bebés, comenzando al segundo o tercer día de vida y resolviéndose al quinto o sexto. La conjuntiva ocular (el blanco de los ojos) es el primer lugar donde se nota y el último donde se quita, por lo que los ojos amarillentos no dicen mucho. Cuando el bebé está amarillento también en las manos y los pies, la cifra de bilirrubina suele ser bastante alta. El pediatra, al alta del hospital, valorará su nivel, y junto con algunos factores de riesgo verá si es necesario hacer algo. Es muy frecuente que si ha estado ingresado ya sepáis lo que es, pero como los prematuros tardíos no suelen ingresar, a día de hoy, muchas veces acaban ingresando por ictericia desde sus casas.

Si vuestro bebé está cada vez más amarillo, debéis ir a vuestro pediatra.

• Cianosis

Cianosis es la coloración azulada de la piel, casi siempre por falta del suficiente oxígeno en la sangre y puede ser un signo importante si aparece alrededor de la boca, en la lengua o en el pecho (llamada cianosis central). Cualquier cianosis central debe investigarse, cuanto antes, mejor.

• Vómitos-rechazo de la alimentación

Los bebés recién nacidos regurgitan con frecuencia, pero si vuestro bebé claramente tiene vómitos, expulsa la comida de forma brusca (las regurgitaciones no salen con fuerza), y estos se repiten, deberíais consultar con vuestro pediatra. Muchas enfermedades en los bebés tienen vómitos asociados, y a veces es necesario descartar algunas. Por ejemplo, una obstrucción intestinal, una infección de orina u otras causas infecciosas. Normalmente estos bebés además están muy malitos, y no solo presentan un vómito.

Cuando se acercan al mes de vida, los vómitos repetidos pueden ser debidos a que a algunos bebés se les cierra la salida del estómago, es la llamada estenosis hipertrófica del píloro, que se da más frecuentemente en varones. El bebé come, vomita, y cada vez tiene más hambre.

Igual pasa con un bebé que comía bien y deja de hacerlo. Si vuestro prematuro deja de comer varias tomas, deberíais consultar con el pediatra.

• Vómitos biliosos o con sangre

Los vómitos biliosos son vómitos de un color especial, verdes. Y siempre son indicación de consulta urgente. Si una vez que habéis salido del hospital tiene vómitos con sangre, lo mismo. A veces un vómito con sangre se debe a que ha tomado leche con sangre, por ejemplo, si tienes grietas en los pezones. Si te sacas leche con un sacaleches podrás comprobarlo. Pero en todo caso, acude a tu centro de salud más próximo.

• Bronquiolitis-dificultad respiratoria

La bronquiolitis es una enfermedad infecciosa, producida por varios virus, que produce mucosidad nasal y dificultad para respirar en los bebés. Se transmite por el contacto con las secreciones respiratorias de personas infectadas, y es más frecuente en invierno. Por eso es importante el lavado de manos y el uso de mascarilla para tocar al bebé si estáis acatarrados. Si vuestro bebé tiene coloración azulada alrededor de la boca, o se le marcan las costillas al respirar, lo hace más rápido, hace pausas respiratorias o tiene quejido, debéis consultar en vuestro centro médico.

• **Llanto**

Los niños lloran, y muchas veces los padres no sabéis por qué lo hacen. Pueden, pero no siempre, llorar por hambre. El tener orina o heces en el pañal les puede causar incomodidad, así como el calor por exceso de ropa, ropa mal doblada, algo en la espalda que se le clave, etc. El aumento de movimiento en casa o las visitas a deshoras también pueden irritarle. A veces es más fácil ir probando qué puede pasar, cogerlo, hablarle, cambiarle, examinarlo, intentar dormirlo, alimentarle, desnudarle, etc., hasta dar con el posible motivo. Los bebés prematuros son más irritables y más difíciles de calmar; si habéis pasado por Básicos puede que ya lo hayáis visto.

Una lista de cosas para probar cuando un bebé llora de forma insistente podría ser:

— Alimentarlo.
— Mirar los pañales y cambiarlos si están sucios.
— Intentar dormirlo.
— Cogerlo en brazos.
— Quitarle ropa si está muy abrigado.
— Verle la piel y su comportamiento por si parece enfermo.
— Comprobar su temperatura.
— Hablarle tranquilamente, acariciándole suavemente.
— Examinarlo en busca de dolor testicular, una hernia, etc.
— Permitid que una persona con menos ansiedad lo coja, darle un paseo.
— Algunos bebés se calman con los ruidos monótonos de una lavadora o una aspiradora.
— Algunos bebés se calman al pasearlos en coche. Parece raro, pero sucede.
— Si estáis desesperados y no funciona nada, buscad una forma de daros un respiro. Dejad al bebé en un lugar seguro y alejaos para intentar calmar la ansiedad.

Si, pese a todo, un recién nacido sigue sin consuelo, deberéis consultar al pediatra.

Nunca sacudáis al bebé ni lo zarandeéis. Cuando alguien, debido al estrés que el llanto puede provocar, sacude bruscamente al bebé, puede producirle lesiones cerebrales graves, ceguera e incluso la muerte. Es un tipo de maltrato, el síndrome del bebé zarandeado.

• **Falta de actividad**

Si vuestro bebé no pide comida como antes, no se despierta, os cuesta que llore tras estímulos vigorosos y tiene menos actividad que en las horas previas, debéis consultar en un centro médico.

• **Heces de color blanco-amarillentas o con sangre**

Si tienen restos de sangre fresca, roja, debéis consultar a vuestro pediatra sin demora, más aún si se acompañan además de irritabilidad o de poca actividad del bebé. Las causas no siempre son graves; puede ser, por ejemplo, una alergia a la leche de vaca, pero hay que descartar enfermedades importantes.

Si, por otro lado, las heces que en las primeras semanas eran amarillentas se van volviendo progresivamente más claras, tirando hacia el color gris amarillento, o blanquecinas, tenéis que consultar cuanto antes a vuestro pediatra o acudir al hospital. En raras ocasiones, la bilirrubina que le da el color a las heces queda retenida en el hígado por diferentes causas y hay que investigar por qué y pronto.

• **Cordón umbilical con secreciones o con mal olor**

Puede ser signo de una infección en el cordón umbilical. Debéis acudir a un pediatra para que lo valore y ponga un tratamiento si es preciso. Si ha estado ingresado los primeros días, es posible que ya se le haya caído.

• **Movimientos extraños**

Si el bebé pierde la conciencia o se queda rígido o sin reaccionar a nada, debéis acudir al centro médico más próximo o llamar al

112. Si presenta movimientos rítmicos repetitivos, es bueno consultar con vuestro pediatra. Si podéis grabarlos mucho mejor. Los temblores en las extremidades y en la barbilla pueden ser normales, y al coger al bebé, desaparecen. Si no lo hacen, consultad.

• **Caídas y golpes**
Cualquier caída del bebé recién nacido (desde los brazos, desde la cama, etc.) obliga a acudir a vuestro pediatra, así como si se ha dado un golpe de importancia en la cabeza.

• **Pérdida de peso**
Los bebés prematuros pierden peso desde que nacen, como todos los bebés, y recuperan el peso al nacimiento, en general, a los 10-14 días. Si el bebé orina solo 1-2 veces al día, y no gana peso, pedid ayuda. Es posible que tengáis que ofrecerle más cantidad de leche. Si se acerca al mes, y no solo no lo recupera, sino que se estanca o pierde, pedid cita con vuestro pediatra.

Sueño

Es frecuente que los primeros días en casa no durmáis nada para ver si respira; o que no durmáis nada si hace algún pequeño ruido. Si además precisa oxígeno suplementario, posiblemente tengan que pasar varias noches hasta que normalicéis la situación.

Casi todo el tiempo el bebé estará dormido, incluso tendrá más tendencia a estar activo por la noche, más que por el día.

Se recomienda que duerma siempre boca arriba y en la misma habitación que vosotros, pero la práctica del colecho no se recomienda en menores de 3-6 meses, especialmente en caso de los bebés prematuros. Si decidís hacerlo, recordad lo que hablamos en el tema del SMSL y guardad esas precauciones para hacer un colecho seguro. En muchos casos, se puede dar el pecho y volver a dejar al bebé en la cuna, o bien, pasarlo a su cuna si usáis una cuna tipo sidecar.

Alimentación

La mejor alimentación para el bebé es la leche materna, que debe tomar a demanda, sin horarios ni restricciones. Los prematuros es frecuente que aún tomen lentamente, y que tengan momentos en que no coordinen bien la succión y la deglución. No los forcéis, ni tampoco les deis más cantidad de las que toleren para que ganen antes peso.

La lactancia no tiene horarios, no tiene sentido dejar llorar a vuestro hijo. Un bebé alimentado al pecho come entre ocho y doce veces al día, y su leche se digiere más fácilmente que los que toman leche artificial, por lo que frecuentemente tienen antes sensación de hambre, es lo habitual. No tiene que aguantar nada.

Si le dais la comida por sonda, os habrán explicado en la unidad cómo manejarla (cambiar de fosa nasal, que use chupete mientras se alimenta para que lo asocie a la succión, etc.).

Los prematuros con displasia broncopulmonar comen lentamente, se cansan, ganan poco peso y vomitan con facilidad. La paciencia en las tomas o el uso de la sonda para alimentarlos son fundamentales a veces.

No hay por qué despertarlo por la noche para comer una vez que estéis en casa, salvo que así os lo hayan indicado.

Si toman leche materna harán deposiciones más veces que si toman artificial. Si creéis que está estreñido, consultad con vuestro pediatra.

¿Cómo estimularle?

El mejor estímulo desde el nacimiento es acariciar al bebé, hablarle, jugar con él, cantarle y expresarle muestras de cariño. Una relación de cariño, respeto y atención a sus demandas son fundamentales para un buen desarrollo. Cómo os comportéis con él desde el principio tiene más importancia de la que parece. Los recién nacidos pueden ver, oír, sentir, oler, probar, chupar, tragar, seguir con la mirada a corta distancia y distinguir sonidos. Tratad de establecer contacto visual. Dadle masajes. Cogedlo, tenedlo en brazos siempre que lo pida. Nadie se acostumbra a los brazos, todos queremos sentirnos bien, queridos y protegidos. No lo dejéis desamparado cuando llore. Ahora estáis con él o ella en casa, no está en el hospital lejos de vosotros.

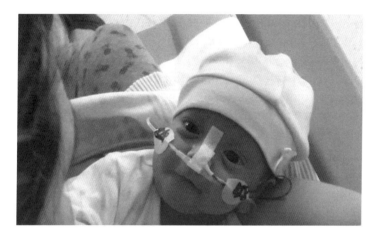

Eva.

Visitas en casa

Las visitas en casa deben ser limitadas. Es muy frecuente que los familiares y amigos vayan desde el principio a casa, y que no entiendan que son los peores momentos para vosotros y el bebé. La mejor forma de evitar esto es decirles que no queréis visitas, dar un mensaje general a todos (hoy día es fácil con los teléfonos o las redes sociales decirles que todo va bien pero que necesitáis tiempo para el bebé y para vosotros) y avisar a los que sí queréis que vayan, cuándo y para qué los queréis en casa. Deben ser ayuda, no impedimento para vosotros.

Si alguno de ellos está acatarrado, aunque solo sea un resfriado, no debe ir, o usar guantes y mascarillas. El uso de gel hidroalcohólico para limpiar las manos, especialmente en el invierno solo os puede traer beneficios.

Esto es especialmente importante si vienen niños a casa. El catarro en el adulto puede ser el reingreso del bebé prematuro. Se les debe advertir que no fumen, y que si lo hacen, que se cambien de ropa en la visita.

Unos consejos para vuestros amigos, que no están de más, serían los siguientes:

• Que llamen antes de ir, avisando con días de antelación. Vosotros decidís cuándo deben ir.

• Si no queréis visitas, decidlo. Es peor pensarlo que hacerlo.

• Que no permanezcan mucho tiempo.

• Que no cojan al bebé todos y cada uno de los que van.

• No hay por qué besarle, ni pasarlo de un lado a otro.

• No hay que despertarle para ver lo que es capaz de hacer.

• No hay que separarlo de la teta si está comiendo.

• No hay que aprovechar la visita para deciros cómo hacerlo todo, ni lo mal o bien que lo hacéis (si es lo bien, sí).

• A lo mejor es más adecuado pedirles que os ayuden en cosas concretas y, así, que sientan que colaboran en algo.

• Siempre podéis recurrir a afirmar que el pediatra ha prohibido las visitas. La mayoría de pediatras dirán que sí, que ellos lo dijeron.

• Si pese a esto, no se van, o no captan los mensajes, siempre podéis coger al bebé e iros a otra habitación, por si no queda claro que queréis intimidad. No siempre funciona.

Vacunas

Las vacunas son muy necesarias ya que vuestro bebé prematuro tiene más riesgo que otros bebés para tener muchas de las infecciones que cubren las vacunas. Su sistema inmune es más inmaduro y, además, las defensas que la madre le habría pasado por la placenta en el último trimestre (los llamados «anticuerpos»), no han llegado o lo han hecho parcialmente. Por eso es necesario vacunarlo según la edad cronológica, no la edad corregida, porque si no estaría más expuesto. Muchos grandes prematuros, cuando tiene dos meses de vida, aún están ingresados en la unidad, y las primeras dosis de las vacunas se administrarán allí.

Los bebés prematuros con displasia broncopulmonar, además, deben recibir la vacuna de la gripe a partir de los seis meses de edad cronológica. Vosotros también deberíais ponérosla para proteger a vuestro hijo.

Vuestro pediatra os informará sobre el calendario a seguir.

El lavado, la bañera, el cambiador

El aseo del bebé debe ser un momento tranquilo para fomentar la relación con él. El agua debe estar a una temperatura agradable, pero no demasiado caliente. Muchos padres metéis el codo para ver si os quema. No hace falta llenar la bañera, con 10-15 centímetros de profundidad es más que suficiente. La bañera debe ser resistente, sin partes que puedan erosionar la piel del bebé, ni con ningún agujero por el que el bebé pueda meter un dedo. También debe estar en una estructura o superficie que no pueda volcarse.

• **¿Hay que bañarlo todos los días?**
No hay pruebas claras de cada cuánto hay que bañar a un bebé, es algo cultural. Lo que sí se sabe es que bañarlos varias veces al día no es bueno para su piel. Si vosotros y el bebé lo vivís como algo agradable, lo haréis más. Si os estresáis, lo haréis menos. Cuando pasen varios baños, tendréis más habilidad para hacerlo. Debéis usar una esponja blanda y jabón neutro, y secarlo sin frotarlo. Es importante no dejar zonas húmedas, en especial en los pliegues de la piel.

• **¿Hay que bañarlo de noche?**
Se puede bañar cuando vosotros decidáis, no tiene que ser por la noche. La habitación debe estar a una temperatura confortable, sin corrientes de aire ni ruidos. Y el suelo mejor que no esté

mojado ni con alfombras con las que podáis resbalaros al sacar o meter al bebé en la bañera.

Una cosa muy importante y obvia: no debéis dejar nunca al bebé solo en el baño. Ni de recién nacido ni durante los primeros años de vida, ya que en las bañeras los bebés se ahogan.

Bañando al bebé.

Si se usa un cambiador, deberíais tener todo a mano antes de poner al niño encima. Hay que evitar a toda costa que el bebé se caiga de él. Se pueden utilizar lociones hidratantes después del baño si la piel es especialmente seca. Se recomienda aplicarlas cuando la piel permanece aún húmeda tras el secado.

•¿Se puede mojar el cordón umbilical?
Oiréis que no se puede realizar un baño completo del bebé hasta que no se haya caído el cordón umbilical, y en muchas guías aún se dice eso, pero no hay ninguna razón médica real para esperar hasta ese momento. Se puede bañar entero desde las primeras horas tras el parto, y es mejor para la higiene del cordón. Lo que sí es seguro es que después hay que secarlo bien, no debe quedar húmedo.

•¿Se pueden cortar las uñas?

Se pueden cortar cuando uno quiera, pero hay que saber hacerlo porque las uñas de los bebés están muy pegadas a su base y es fácil lastimar el dedo. La opción de limarlas también existe. Las de los pies se deben cortar rectas. Existen tijeras de bordes romos para ello.

No deben usarse bastoncillos ni otros utensilios para explorar los conductos auditivos de los niños o las fosas nasales, tratando de limpiarlos. Los ojos se limpian de dentro hacia fuera (desde la nariz hacia fuera).

•Cremas

No es necesario echarle cremas a los bebés. Cuando está ingresado, al principio, su piel absorbe mucho cualquier sustancia que se le aplique, por lo que en las primeras semanas hay que tener mucha precaución con cualquier crema que se ponga. Ahora, en casa, ya no es así, pero al menos pensad si son necesarias o no.

El cordón umbilical

El cordón umbilical es el medio por el que vuestro bebé se ha alimentado y ha respirado hasta el parto. También a través de él le han pasado la gran mayoría de las defensas inmunológicas que la madre le da al bebé. Al bebé no le duele, no tiene terminaciones nerviosas.

•¿Cómo se limpia?

Debe lavarse diariamente con agua y jabón y dejarlo luego seco, al aire. No usar polvos ni fajas. Es posible que os hayan dicho que hay que ponerle alcohol de 70°, clorhexidina e incluso povidona yodada (Betadine©), pero las evidencias más recientes dicen que la cura en seco es mejor que las otras, el cordón se infecta menos y se cae antes. En casos donde la higiene no sea muy buena, se recomienda usar clorhexidina al 4%. La povidona yodada puede alterar el tiroides del bebé, y no debe usarse. Si ha estado algunos días ingresado puede que ya no lo tenga.

•¿Cuándo se cae?

Entre los tres y quince días, más o menos. Lo que hay que vigilar es si se enrojece, si tiene alguna secreción, huele mal o es doloroso al tacto en la base. En ese caso debéis consultar con vuestro pediatra. Si llega al mes de vida sin cambios, consultad con vuestro pediatra.

No es conveniente intentar quitar la pinza o cortar el cordón en casa.

Ropa

El bebé debe usar ropa amplia, que permita el movimiento fácil, evitando lazos, cordones y botones, que pueden ahogarlo.

Deben llevar, como regla práctica, y como mucho, una manga más que los padres. Las manos y los pies siempre están más fríos por mucho que los abriguéis. Hay recién nacidos que llegan a ingresar en el hospital por fiebre debido a un exceso de abrigo. Si los padres tenéis calor o frío es probable que los bebés también.

A la hora de lavar la ropa, es mejor evitar detergentes y suavizantes agresivos, utilizar aquellos que sean neutros, y aclarar bien. La ropa de recién nacido pronto dejará de serle útil, por lo que mejor que compréis u os regalen ropa para otras edades, además de la de recién nacido. La ropa de prematuros es difícil de encontrar y suele durar poco tiempo.

¿Cuándo puedo sacarlo a pasear?

Salvo indicación médica, podéis y debéis salir a pasear con el bebé. A ti, mamá, además te vendrá bien para la recuperación del parto, y al bebé también. ¡A la calle!

•Si lo saco de paseo va a enfermar

Es más fácil que se contagie de algo en un sitio cerrado, como la casa, con las visitas besándolo, etc., que en la calle. Pensadlo, el frío no produce los resfriados, y la gente que os pueda parar en la calle no se acerca tanto a vuestro hijo o hija. Si vais a la consulta del pediatra, es aconsejable no esperar en una sala de espera llena de otros niños con enfermedades: intentad ir a primera o última hora, o decidle que el bebé es prematuro.

•¿Qué llevar?
Pensad en las cosas que os puedan hacer falta, para no tener que volver a por ellas. El paseo puede durar el tiempo que queráis. Alguna muda, pañales, y si le das leche artificial, lo necesario para prepararla. Si le das el pecho no es necesario preparar nada y nunca se te va a olvidar echarlo, ni necesitarás nada extra.

Si vuestro bebé necesita oxigenoterapia suplementaria, debéis comprobar el nivel de oxígeno de la botella portátil y para cuánto os va a durar. En algunas botellas portátiles se comprueba levantando la botella de una de sus asas pero en otras, el sistema es diferente.

•Sistemas de retención infantil
Los bebés deben ir siempre en sillas de seguridad cuando viajan en el automóvil, por muy corto que sea el trayecto. Deben ser homologadas y acordes a su peso y estatura. En algunos países se comprueba antes del alta que el prematuro no realiza apneas en la silla del coche, pero las evidencias para recomendar esto son muy escasas. En todo caso, conviene que alguien esté pendiente cerca del bebé prematuro en su primera salida en coche desde el hospital.

Para un bebé recién nacido, el grupo 0 es más que suficiente, ya que vale hasta los 10 kilogramos (unos 9 meses). En ningún medio de transporte debería ir fuera de una sillita. Debéis llevarlo en el asiento trasero del coche, pero siempre en el sentido contrario a la marcha. Si va delante, porque no haya posibilidad de llevarlo atrás o los asientos estén ocupados por otros niños, recuerda desactivar el airbag del acompañante, ya que si salta podría dañarlo.

Nunca dejéis solo al bebé dentro del coche, por favor.

¿CUÁNDO PASÓ?

- Naciste el día ...... de ...... de ...... , con ...... semanas y ...... días, pesando ...... gramos.

- Tu perímetro cefálico fue de ...... centímetros, y tu longitud de ...... centímetros.

- Lo primero que papá pensó al verte fue:

- Y mamá pensó:

- La primera vez que te tocamos fue:
  mamá: papá:

- Saliste de la incubadora el ...... con ...... gramos de peso y ...... días de vida.

- Saliste de la cuna térmica con ...... gramos de peso y ...... días de vida.

- Dejaste de necesitar oxígeno con ...... días.

- Saliste de la UCIN con ...... días, pesando ...... gramos.

- Las personas que más cuidaron de ti en el hospital, además de tu familia, fueron:

- Mamá hizo canguro contigo por primera vez el ...... , y se sintió:

- Papá hizo canguro contigo por primera vez el ...... , y se sintió:

- Hiciste la primera caca:

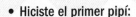

- Hiciste el primer pipí:

- Te vimos reír el:

- La primera vez que te escuchamos llorar fue:

- La primera vez que te bañamos fue:

- La primera vez que te cambiamos un pañal fue:

- La primera vez que te pusieron un pijama fue:

- Dejaste de necesitar el ventilador para siempre con ...... días.

- Dejaste de necesitar la CPAP para siempre con ...... días.

- Dejaste de necesitar el oxígeno para siempre con ...... días

- Tus compañeros de UCIN fueron:

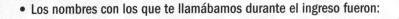

- Los nombres con los que te llamábamos durante el ingreso fueron:

- La primera vez que te enganchaste al pecho fue:

- La última vez que necesitaste la sonda para alimentarte fue:

- Tus hermanos pudieron visitarte por primera vez:

- Algunas cosas que dijeron de ti las visitas fueron:

• La primera vez que nos fuimos del hospital sin ti fue:
y nos sentimos:

• La primera noche que pasamos a solas en una habitación contigo,
en el hospital, fue:

• Nos diste varios sustos; especialmente nos acordamos de:

• Por fin te llevamos a casa el ......, con ...... días, pesando ......
y nos sentimos:

TELÉFONOS Y OTROS DATOS IMPORTANTES

• Hospital:

• Unidad de Neonatos
  — UCIN:
  — Cuidados Intermedios:
  — Cuidados Básicos:

• Consulta de Neonatología:

• Centro de Salud:

• Tu pediatra:

• Urgencias:

• Asociación de padres y madres de prematuros:

- Teléfonos de otros padres de la unidad:

- Grupo local de ayuda a la lactancia materna:

- Oxigenoterapia domiciliaria:

- Atención Temprana:

- Medicaciones en casa:

- Próximas citas:

  — Neonatología

  — Cardiología

  — Neumología

  — Palivizumab

  — Neurología

  — Otras

Gracias a los papás
y mamás de Eva, Eva MF,
Manuel, Raúl y Daniel…
y de tantos otros bebés
prematuros, por compartir
sus recuerdos, inquietudes
y esperanzas con nosotros.